得する株をさがせ！

会社四季報

公式
ガイドブック

会社四季報編集部

〔編〕

東洋経済新報社

はじめに

『四季報』で株式投資の醍醐味を

　本書を手に取っていただいた皆さんの多くは株式投資をすでに始められているか、これから本格的に始められる方で、『会社四季報』(以下、『四季報』) を活用しながら投資成果を上げようとお考えのことでしょう。

　株式投資で最も重要でありながら、最も難しいといえるのが有望銘柄探しです。『四季報』を読みこなしていただければ、これからの成長が期待される上場会社が見つかるはずです。ぜひ本書をきっかけに、株式投資の醍醐味を味わってください。

　『四季報』は1936年に創刊して以来、企業情報収集の定番として証券会社など金融機関のプロの投資家や個人投資家の皆さんにご愛読いただいている投資雑誌です。長年にわたって支持されてきた主な理由として、**「網羅性」**と**「継続性」**が挙げられます。

　『四季報』では**国内の証券取引所に上場しているすべての会社を掲載**しています。それぞれの上場会社について、所在地、従業員数などのほか、株式投資に不可欠な財務や株価、株主などに関する各種データを可能なかぎり盛り込んでおり、投資家が必要としている上場会社に関する基本情報を網羅しています。

　さらに『四季報』の名のとおり3月、6月、9月、12月の3カ月ごとに継続的に刊行している季刊誌で、それぞれ「春号」「夏号」「秋号」「新春号」の愛称で親しまれています。

　このように全上場会社の情報を掲載し、定期的に刊行し続けている

類似誌は国内、海外ともに見当たらず、株式投資の情報源としては唯一無二の存在です。

今期・来期の独自2期予想が強み

上場会社のデータブックとしてご活用いただいている『四季報』ですが、大きな特徴として業績予想があります。**すべての上場会社に担当記者を配置しており、取材に基づく独自分析の業績予想を今期、来期の2期分掲載**しています。

四季報記者が会社計画とは異なる独自予想をした場合、最終的に会社側が四季報予想に近い水準の決算数値で"着地"するケースがよくみられます。また、会社側が計画を発表していない来期についても、今期よりどれだけ業績が伸びそうか、また悪化しそうかなど四季報記者が独自に分析した予想を掲載しています。

株価はさまざまな要因で日々変動しますが、**株価を動かす最も大きなインパクトは業績の変化**です。業績好調で利益が増え続けていく会社であれば株価も上昇しやすく、逆に業績が低迷している会社では長期的な値上がりは期待できません。また、これまでの取り組みが実って業績が急に上向く会社がありますが、こうした会社の株価はその兆しが現れた段階で上昇を始める傾向があります。一方、何年も好業績が続いてきた会社であっても、悪化の兆しが現れれば株価の上昇はストップしてしまいます。

株式投資では、購入時の株価より上昇したタイミングで売却する値上がり益（キャピタルゲイン）とともに、配当収入（インカムゲイン）を得ることができます。好業績を続けている会社は配当を増やす「増配」の可能性も高まりますが、業績が悪化する会社は配当を減らす「減配」や、配当を出さない「無配」の恐れが出てきます。

全社カバーの『四季報』で変化を先取り

株価には、これから起こることを先取りして動く習性があります。投資家の間では「噂で買って事実で売れ」という格言がよく知られていますが、情報が広く知れ渡って株価が大きく上昇してしまう前に買っておきたいという心理を表したものです。

先取り情報のなかでも特に注目されるのが業績の行方です。証券会社などでもアナリストが業績予想を立てていますが、定期的にカバーしている会社は、多くて500社程度といわれています。**『四季報』の業績予想は2期分で、しかも約3800社に及ぶ全上場会社について独自予想**を立てていますので、多くの投資家が気づく前に業績の変化を察知することができます。

銘柄選びでは、その会社の業績がこれから上向くのか、下向くのかの方向感を見極めることがとても重要となります。『四季報』は発売する度に、直近の事業環境を考慮しながら3カ月前に発売した四季報予想の見直しを行っています。こうした**業績の変化を先取りできることが、『四季報』ならではの強み**といえるのです。

また、会社ごとに掲載ページの欄外に業績変化が一目でわかるマークをつけています。前の号から営業利益予想を大きく引き上げた場合は「↑↑」、大きく引き下げたなら「↓↓」や、会社予想を大幅に上回る独自予想は「😊😊」、大幅に下回る独自予想は「😣😣」などです。『四季報』をパラパラめくるだけでも、業績の変化が大きい会社がすぐに見つかります。

記事には大きなヒントが隠れている

『四季報』では業績予想について記事の中で解説しています。その会社の業績が前の期よりも良くなる、または悪くなる理由は、**記事前**

半の業績欄の中で、主に営業利益の動向に焦点を当てて説明していま
す。記事の冒頭の見出しには、【絶好調】【急回昇】【最高益】など業績
動向を端的に示したり、【増額】【上振れ】など前号予想からの変化が
わかるキーワードを入れたりしています。ぜひ銘柄探しの参考にして
ください。

　　記事の後半部分の材料欄は、その会社の中期的なトピックを取り上
げています。設備投資の予定や店舗展開の状況など、その会社の数年
先の収益力に影響する内容や、会社が抱えている課題などについて書
かれています。足元の業績がよくなくても、材料欄に書かれている取
り組みや戦略が"大当たり"して急成長するかもしれません。材料欄
は業績予想とともに、先読みを基本とする投資家から注目度が高い
『四季報』ならではの記事です。

値上がり期待が大きいのは中小型株

　有望銘柄を探すといっても、上場会社は約3800社もありますので
戸惑う人も多いはずです。株式投資を始めたばかりであれば、まずは
誰でも知っている大企業に注目するでしょう。上場している大手の会
社は発行済み株式数が多く、株価に発行済み株式数を掛けた時価総額
が大きいため大型株と呼ばれますが、大型株のメインプレーヤーは機
関投資家など運用資金が潤沢で情報収集力が高い国内外の投資のプロ
です。

　業績が良好に推移するのであれば今後の株価上昇に期待がもてます
が、数年で株価が5倍、10倍に値上がりするほどの業績成長が見込
める大企業はまれです。さらに、プロの投資家はこうした大型株の動
向についてアナリストレポートなどを通じてつねにウォッチしている
うえ、日々のニュースで報じられることも多く、個人投資家が業績の
変化を先んじて察知することは難しいといえるでしょう。

　もちろん、優良な大型株を長期で保有することは株式投資の基本となりますが、**5倍、10倍の値上がり期待が持てる銘柄を探したいなら中小型株が選択肢**になります。大型株よりも時価総額が小さい中小型株は、多額の資金をつねに運用している機関投資家などは自分たちの売買で株価が大きく変動することになりかねず、敬遠しがちです。そのため中小型株は大型株より注目度は低く、それだけ情報量も乏しいということになります。

定点観察で投資目的以外にも「気づき」がある

　すべての上場会社の業績動向を3カ月に1度、アップデートしている**『四季報』は、中小型株も大型株と同じ分量の情報を掲載**しています。個人投資家であっても中小型株であれば、毎号ごとに業績動向や新たな取り組みなどを定点観察していけば、新たな「気づき」が得られるはずです。

　特に上場してからそれほど年月が経っていない上場会社の場合、その効果は大きいでしょう。いまや世界を代表する会社のトヨタ自動車やソニーも、かつては規模の小さいベンチャー企業から出発しました。『四季報』は、各号の発売日に上場している新規上場会社もすべて掲載していますので、多くの投資家が気づく前に、未来のトヨタ自動車やソニーを探すきっかけにもなるでしょう。

　また、上場会社の基本情報や財務面の健全性、将来性に関するデータを掲載している『四季報』は、投資家以外でも参考にしていただけます。たとえば、ビジネスパーソンにとっては、**ライバル社や取引先の動向を把握する**ことができます。営業担当の皆さんには、**新規開拓先の情報収集**としてもご利用いただけます。**就活中の学生**の皆さんにとっては、従業員数や平均年齢、平均年収などにも注目していただければ、志望会社に対する理解がより深まるでしょう。

『四季報オンライン』と併用で投資力アップ

　紙版『四季報』だけでなく、Web版の『会社四季報オンライン』(以下、『四季報オンライン』)も利用すれば、さらに有望銘柄探しや売買タイミングの判断に役立てていただけます。『四季報オンライン』では充実した個別会社の情報のほか、株価分析ツールなども充実していますので、ご自身の売買タイミングが短期、中期、長期のいずれであってもご活用いただけます。

　細かいデータや文字が凝縮されている『四季報』は、一見すると難しく、とっつきにくい印象を受けるかもしれません。しかし、掲載しているのは、その会社に投資してよいのか、今は投資すべきではないのかを判断するために最低限知っておいていただきたい大切な情報ばかりです。財務関連や投資指標などで見慣れない用語があるかもしれませんが、本書を通じて読み方、使い方を身につけていただき、**投資力アップ**につなげていただくことを願っております。

※※※※※

　なお、本書の執筆には、会社四季報編集部の山本直樹、岡本享、三上直行、石井洋平、水落隆博、鶴見昌憲、藤尾明彦、島大輔、田邉佳介、佐々木亮祐、野口晃、山本隆行、広瀬泰之が当たりました。

　2020年6月

会社四季報編集部

＊本書は投資勧誘を目的としたものではありません。銘柄の選択など、投資の最終決定はご自身の判断で行ってください。

＊特に断りがない場合、本文中の誌面は『会社四季報』2020年1集(新春号)からの抜粋で、本文もその時点における内容となっています。また、『会社四季報オンライン』については2020年6月時点の内容です。

目次

第1章 『四季報』はまずここを見よ！

第2章 会社の「基本」を知ろう

第**3**章 儲かっている会社は、こんな会社

第**4**章 将来性のある会社の見つけ方

第**5**章 安全な会社はどう探す？

第8章 お宝株発掘の実践テクニック

会社四季報ってこんな雑誌

東洋経済 春号 2020年2集
会社四季報
全上場3778社の業績を独自予想
先取り！来2020年度に飛躍する企業
1人当たりの稼ぐ力を徹底比較
労働生産性で有望企業を探せ！
採用予定者数：初任給　注目銘柄ランキング

『会社四季報』は年4回発刊する企業情報誌。創刊は1936年（昭和11年）で80年以上、上場全企業の業績動向を業界担当記者が分析・執筆しています。記者が業績動向を独自に予想していることから、株式投資では必携の1冊とされています

【財務】
この会社の資産、負債など貸借対照表の重要数値を掲載。最高純益は過去最高の純利益を掲載

【株主】
大株主上位10名を掲載。なお、【業績】の予想1株益では自社（自己株口）の株数を控除して算出

【株価】
上場来の株価（高値、安値）を掲載。中には1億円を超える株価も

【特集】
過去3期と比較した四半期進捗率や就職関連など毎号メニューを変えて掲載

【業種】
東証33業種よりも詳しい東洋経済独自の60分類を掲載。順位は業界内の時価総額順

【業績】
上から順に
① 過去の実績
② 今来期の四季報予想
③ 四半期決算
④ 会社の今期予想

年月【資本異動】		旅
87.10	無1:0.1	5,830
88.10	無1:0.2	6,996
89.10	無1:0.5	10,494
91. 5	無1:0.35	14,166
19. 3	消却	13,166

東証	高値	安値
62~17	73200(07)	90(65)
18	49980(1)	27055(12)
19.1~11	43300(11)	27420(1)

	高値	安値	出来株
19. 9	42960	39750	2,615
10	41180	36700	2,638
#11	43300	40170	2,573

【DOE】6.8%(5年前比 5.7pt増)
配当性向 50.1%（ー）
【四半期進捗率】3期平均8.9%
今期36.2%(+27.3pt)
【業種】娯楽用品
時価総額順位 1/48社
【比較会社】6758 ソニー,9684
スクエニH,9697 カプコン

【株式】10/31	131,669千株
単位 100株	【貸借】
時価総額 55,682億円	

【財務】〈連19.9〉	百万円
総資産	1,777,072
自己資本	1,386,451
自己資本比率	78.0%
資本金	10,065
利益剰余金	1,542,659
有利子負債	0

【指標等】	〈連19.3〉
ROE	14.2% 予14.5%
ROA	11.5% 予11.3%
調整1株益	一円
最高純益(09.3)	279,089
設備投資 160億 予130億
減価償却 95億 予・・億
研究開発 696億 予750億

【キャッシュフロー】	億円
営業CF	1,705(1,522)
投資CF	453(613)
財務CF	▲1,090(▲613)
現金同等物	5,853(4,844)

【株主】㈲39,407名〈19.9〉
JPモルガン・チェース・ンク380055 1,345(
自社(自己株口) 1,254(
日本マスター信託口 612(
日本トラスティ信託口 538(
京都銀行 488(
野村信銀信託口(三菱 421(
SSBTC・クライアント・オムス・アカウント 244(
日本トラスティ信託口 237(
ステート・ストリート・バンラスト505223 195(
ディー・エヌ・エー 175(
〈外国〉52.4% 〈浮動株〉
〈投信〉6.2% 〈特定株〉

【役員】㈱古川俊太郎
本茂 高橋伸也 塩田田聡 ㈱野口直樹 水樹* 梅山克啓* 山嵜正
【連結】Nintendo of Am

【業績】(百万円)	売上高	営業利益	経常利益	純利益	1株益(円)	1株配(円)	【配当】	
連15. 3	549,780	24,770	70,530	41,843	353.5	180	18. 3	
連16. 3	504,459	32,881	28,790	16,505	137.4	150	18. 9	
連17. 3	489,095	29,362	50,364	102,574	853.9	430	19. 3	
連18. 3	1,055,682	177,557	199,356	139,590	1,162	590	19. 9	
連19. 3	1,200,560	249,701	277,355	194,009	1,616	810	20. 3予	
連20. 3予	1,288,000	300,000	290,000	200,500	1,683	850	20. 9予	
連21. 3予	1,355,000	308,000	308,000	212,500	1,784	900	21. 3予	
連19.4~9	443,967	94,222	85,173	62,018	520.6	270	予想配当利回り	
連20.4~9予	470,000	100,000	100,000	70,000	587.6	280	1株純資産(円)〈連	
会20. 3予	1,250,000	260,000	260,000	180,000		(19.4.25発表)	11,639 (11	

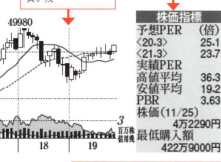

【チャート】
過去3年強（41カ月）分の月足チャートを掲載。下部の折れ線は信用売り残と買い残

【株価指標】
予想PERは株価÷四季報予想1株利益。高値平均、安値平均は過去3年PERの平均値

49980

3
百万株
信用残

18　19

株価指標

予想PER	（倍）
〈20.3〉	25.1
〈21.3〉	23.7
実績PER	
高値平均	36.3
安値平均	19.2
PBR	3.63
株価(11/25)	4万2290円
最低購入額	422万9000円

会社四季報公式キャラクターです！

みんなを幸せにする招き猫になるべく修行中。お金を増やすことに興味あり。好きな食べ物はささみで、貯金目標はささみ500本分。公式SNSもチェックしてね！
Instagram:shikiho_official

【その他製品】

7974
任 にん
天 てん
堂 どう

【特色】ゲーム機ハード、ソフトで総合首位。海外エア高い。ドル建て資産多く期末為替で経常益変動シ。P関連収入等4、トランプ他96、スマートデバイス・I0 【海外】78 〈19・3〉

【連結事業】ゲーム専用機96、スマートデバイス・I0

【決算】3月
【設立】1947.11
【上場】1962.1

【増額】ゲーム機「スイッチ」は通常版、11月のポケモン新作も需要旺盛。デジタル比率増で採算向上、営業益再増額。21年3月期は「スイッチ」好調持続、デジタル販売伸び着実増。
【テーマパーク】USJが20年夏までに任天堂エリア開業、当社共同開発の「マリオカ

廉価版が想定超。

前号比増額
会社比強気

1544

】601-8501京都市南区上鳥羽鉾立町
☎075-662-9600
支店】111-0053東京都台東区浅草橋5-21-

】宇治☎0774-21-3191
〈19.9〉連6,113名 単2,378名（39.3歳）匣912万円
田東京 幹住野村(主)日興,三菱UモルＦ,大
すほ 名三井住友信 監PwC京都
京都,三菱U,りそな
ミネベアミツミ,ホシデン
—

【業績記事】
『四季報』の今期予想営業利益を中心に業績動向を解説

【材料記事】
この会社の中長期での成長力や課題を業界担当記者が評価・分析

【特色】
この会社の事業概要

【前号比修正矢印】
前号掲載数字に対して今号の今期予想営業利益の増減を表す

【会社予想比マーク】
会社が開示した今期予想営業利益と四季報予想との差を表す

【本社】など
本社、支社、工場、営業所、店舗数、従業員数、幹事証券、メインバンクなどを掲載

【配当】
1株配（左）は株式分割や株式併合を反映した通期配当、配当金（右）は分割や併合を反映しない各月の配当額

第1章

『四季報』は
まずここを見よ！

会社四季報ONLINEも活用しよう！
『四季報オンライン』の紙にない特徴とは？

1 『四季報』を活用して成長企業を発見しよう

『四季報』は全上場企業の今期・来期業績を記者が独自予想している企業情報誌。基本構造を把握して成長企業を探してみよう

ここを見てね！

【資本異動】【株式】【財務】	【株主】 【役員】 【連結】	【材料欄】	【業績欄】	コード【特色】【連結事業】 社 名
【特集】【CF】				
【業績】四季報予想 会社予想	【配当】	【本社】【証券】		

有望企業発掘のカギは『四季報』の中に

　日本には約3800社の上場企業があります。上場企業という言葉を聞くと、どの会社もすばらしい会社のように思えてしまいますが、実際には誰もが知る大企業から時価総額が10億円前後の小さな会社まで多種多様です。業績がいい会社もあれば、悪い会社もあります。では、上場企業の中から今後の成長が期待できる企業を見つけるためにはどうすればいいのでしょうか？　その答えは『四季報』の中にあります。

　『四季報』は、業界担当記者が日本国内の全上場会社の今期・来期業績を独自予想し、記事をまとめた企業情報誌です。業績予想だけでなく、会社の新しい取り組みや中長期的な課題、財務状況、株主や役員の構成、従業員数、仕入先や販売先など、会社分析に必要な情報が網羅されています。これだけの情報が1社あたり2分の1ページという小さいスペースに詰めこまれていて、最初はとっつきにくく感じてしまうかもしれません。しかし、『四季報』を活用できれば、各社の現状を知ることはもちろん、玉石混交の上場企業の中から、**知られざる成長企業を見つけることができるの**です。

大切なデータを12ブロックにぎゅっと凝縮

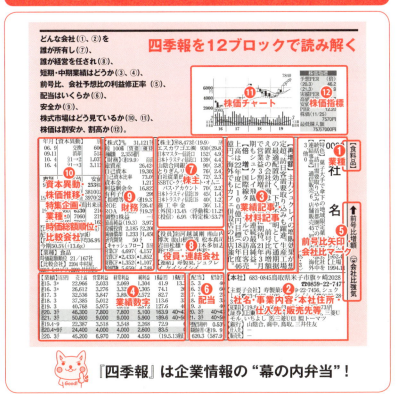

どんな会社（①、②）を
誰が所有し（⑦）、
誰が経営を任され（⑧）、
短期・中期業績はどうか（③、④）、
前号比、会社予想の利益修正率（⑤）、
配当はいくらか（⑥）、
安全か（⑨）、
株式市場はどう見ているか（⑩、⑪）、
株価は割安か、割高か（⑫）。

四季報を12ブロックで読み解く

『四季報』は企業情報の "幕の内弁当"！

『四季報』誌面はブロックごとに以下の情報が収められています。

●どんな特徴の会社で（①業種、②社名・本社住所等）、それを誰が所有し（⑦株主）、誰が経営を任されているか（⑧役員・連結会社）

●短期・中期業績はどうか（③記事、④業績数字）、前号比、会社予想比の利益修正率はどうか（⑤前号比修正矢印・会社予想比マーク）

●配当はいくらか（⑥配当）、安全か（⑨財務）、株式市場はどう見ているか（⑩資本異動・株価推移など、⑪株価チャート）、株価は割安か割高か（⑫株価指標）

2 四季報予想は こうして作られる

会社計画のクセを熟知した業界担当
記者が、取材に基づいて、独自に今
期、来期業績予想数字を作成

ここを
見てね！

【資本異動】	【株式】	【株主】			コード 社
	【財務】		【材料欄】	【業績欄】	【特色】[連結事業] 名
		【役員】			
【特集】	【CF】	【連結】			
【業績】四季報予想 会社予想		【配当】	【本社】【証券】		

業界担当記者が秘伝のワザを駆使

　上場会社の多くは、年4回出す決算短信で、その期の業績計画を開示しています。この業績計画は、景気動向などのマクロ経済環境に加えて、予想される客数や客単価、納入先からの受注動向などを勘案して、合理的に立てられているはずです。

　しかし、**実際の売上高や利益は、必ずしも会社計画の通りになるとは限りません**。会社が計画を作成してから事業環境が大きく変化することもありますし、そもそも計画が楽観的、あるいは悲観的すぎるというケースもあります。そこで『四季報』では、業界担当記者が定期的に財務担当の役員やIR（投資家向け広報）担当者などに取材を行い、その結果を踏まえて**独自に今期、来期の業績予想数字を作成しています**。

　四季報記者はまず、決算短信や決算説明資料、取材などによって、商品の販売単価や数量、原材料価格や販促費、為替レートといった会社計画の前提条件を確認。同じ業界の競合他社への取材、マクロの経済環境なども含めて分析します。期の途中であれば、直近の業績の通期計画に対する進捗率や、飲食や小売りなどで月次の売上状況推移な

業界担当記者が業績を独自予想

『四季報』が独自予想できるワケ

- 約3800社の全上場企業に担当記者が付き、定期的に取材している
- **業界別に担当している**ため、同業他社との比較ができる
- 会社は業績予想の修正に慎重になる傾向があるが、**記者は客観的に判断**ができる
- 記者が作った予想数字や記事を、複数の**ベテラン編集者が何度もチェック**する

弱気な計画を出す傾向の会社イメージ（期中に上方修正しやすい）

- 原材料や部品などを作っている会社で、儲けすぎると納入先の目が気になる
- 経営トップが経理畑出身で、**下方修正の発表を避けたい**
- 為替は変動が大きく先が読めないため、実勢より慎重にレートを設定している

強気な計画を出す傾向の会社イメージ（期中に下方修正しやすい）

- 最終消費財を作っていて、**強気の販売目標**で社内の士気を高めたい
- 経営トップが営業畑出身で、強気な計画を出したがる
- **業績が悪化している会社**が、裏付けなく利益急回復の計画を出すことも

ども参考にしています。このような一般的な分析に加えて、記者それぞれが精度の高い予想となるよう工夫した**秘伝のワザ**を駆使して、独自の業績予想数値を作るのです。

　会社は発表している計画に対して、売上高が10％以上、営業利益・経常利益・純利益が30％以上変動するとわかったときは、速やかに業績修正を発表するルールを課せられています。**『四季報』の独自予想が、会社による業績修正を先取りすることはめずらしくありません**。投資家にとっては、先を読むための大きな武器だといえます。

ちなみに、会社計画にはクセがあります。毎号ではありませんが、『四季報』では定期的に、過去2期において**会社が上方修正や下方修正を行った回数を集計**。会社が発表した期初計画に対して、最終的な利益が上振れしたのか下振れしたのかも掲載しています。毎年のように上方修正をしている会社、下方修正を繰り返している会社があります。

たとえば電子部品メーカーA社をイメージしてみましょう。**A社は、納入先の電機メーカーが新発売したスマートフォンが大ヒットしているため、今期は大幅な増収増益になる見込みです。しかし、A社自身が大儲けするという業績計画を開示すると、納入先から値下げの余地があると思われてしまうかも**しれません。値引きを恐れるA社が、期初にはあえて慎重な会社計画を発表する――弱気な計画を出すケースの1つです。

逆の例として、競合と激しいシェア争いをしている食品会社B社をイメージしてください。B社は今期に新商品発売を計画しています。そこでB社の社長は、新商品が大ヒットすることを前提にした強気な会社計画をあえて開示することで、**話題づくりを仕掛け、社内を鼓舞しようとする**かもしれません。また、業績が悪化し経営危機に直面している会社の一部も、強気な会社計画を開示することがあります。

「独自予想マーク」の見方と活用法

こうしたことから、**四季報記者は、会社発表の業績計画を鵜呑みにして誌面に掲載することはありません。**

会社への取材過程で、会社側の計画に対する根拠や説明に合理性があれば、四季報予想として会社計画の数字を採用します。この場合、会社の業績計画と四季報予想は一致します。しかし、会社側の業績計画の前提条件やその説明が合理性を欠いていると判断した場合など

四季報予想の強気度を示す マーク

四季報予想＞会社計画（『四季報』が強気）

3～30%強気のときは	😊	「会社比強気」
30%以上強気のときは	😊😊	「大幅強気」

四季報予想＜会社計画（『四季報』が弱気）

3～30%弱気のときは	😣	「会社比弱気」
30%以上弱気のときは	😣😣	「大幅弱気」

 **四季報予想が会社計画より強気なときは、
誌面欄外の😊マークで一目瞭然！**

は、**『四季報』は会社計画と異なる独自予想を掲載**します。

　欄外の会社予想比マークに注目してください。四季報予想の営業利益と会社計画の営業利益に3%以上30%未満の乖離がある場合は「😊会社比強気」または「😣会社比弱気」、30%以上乖離がある場合は「😊😊大幅強気」または「😣😣大幅弱気」が表れます。

　『四季報』2020年春号では、掲載会社3778社のうち61社に😊😊大幅強気、440社に😊会社比強気、422社に😣会社比弱気、113社に😣😣大幅弱気マークが付きました（合計1036社）。会社計画を発表している会社のうち、およそ3割の会社では四季報予想と会社計画に3%以上の乖離があったことになります。なお、その1号前の2020年新春号では😊😊大幅強気63社＋😊強気555社の、計618社でした。『四季報』ワイド版の特集企画では、前号、『四季報』が独自に強気予想した会社が、その後実際に業績修正をしたかどうかをフォローして公表していますので、併せてご覧ください。

3 全上場企業カバーは『四季報』だけ

株式投資ではほかの投資家の動きを知ることは重要。外国人投資家も注目する『四季報』のデータが強力な武器になる

ここを見てね！

【資本異動】	【株式】【財務】	【株主】		【材料欄】	【業績欄】	コード【特色】［連結事業］ 社名
		【役員】				
【特集】	【CF】	【連結】				
【業績】 **四季報予想** **会社予想**		【配当】	【本社】【証券】			

記者が定点観測、海外投資家にも予想データを販売

『四季報』では**150人程度いる業界担当記者**が、3カ月に1度＝年4回の発売に合わせて**上場企業の予想数字や記事を執筆**しています。

記事では業績予想の解説や最新のトピックスなどが、わずか9行にコンパクトにまとめられています。さらに毎号発売ごとに財務、役員構成、株主などのデータも、直近のものへ更新しています。こうした情報が、株式投資や会社分析の際には強力な武器になります。

企業情報誌として国内の全上場会社をカバーしているのは『四季報』だけです。以前は日本経済新聞社から『日経会社情報』が刊行されていましたが、当時も『四季報』のシェアが約8割と圧倒的でした。その後『会社情報』は2017年に休刊となり、有料デジタルサービスのみとなりました。

『四季報』の高いシェアは、投資家の利益にもつながります。「株は美人投票」というのは、あのケインズの有名な言葉です。多くの投資家が参考にしている『四季報』の業績予想をチェックしておくのは、とても重要です。証券会社のアナリストも、多くの上場会社の業績予想

『四季報』が株式投資で重視される3つの理由

1. 全上場企業をカバーする雑誌は『四季報』だけ！

- 紙の雑誌で**全上場企業の会社データ、業績予想を掲載**するのは『四季報』だけ！
- 誰もが知る大企業から時価総額10億円未満の会社まで、一社一社取材をしている

2. 海外投資家を含め多くの投資家が参考にしている！

- 『四季報』の記事や業績予想などの**データは、証券会社や海外投資家などにも販売**
- 発売から数日で全2000ページ超を読破する個人投資家もいる！

3. 創刊から80年、時代に合わせて誌面が進化！

- 創刊は1936年、80年以上にわたり企業の変化を追い続けてきた
- **会社予想比マーク新設**など、利便性向上を継続している！

をしていますが、カバーしている会社は規模の大きな会社が中心で、約3800社のうち500社〜1000社程度。それ以外の**中・小規模の会社は四季報予想しかなく、事実上のコンセンサス**となっています。

　『四季報』の予想データは、海外の機関投資家などにも販売されています。日本の株式市場に大きな影響力を持つ外国人投資家も、日本株の投資で『四季報』の予想を参考にしているのです。

　『四季報』が誕生したのは1936年。2020年で刊行から84年を数えます。この間、業績の2期予想（今期と来期の予想）を始めたり、株価指標欄や会社予想比マークを新設したりするなど、読者のニーズに合わせて誌面のリニューアルを行ってきました。コンパクトな作り、データの正確さ、業績予想の信頼性、全上場企業の網羅性。これらが、株式市場で『四季報』が重視される理由なのです。

4 業績予想の根拠は業績欄をチェック

限られた字数で会社の業績見通しを解説した業績欄は、見出しを活用すると効率よく、勢いのある会社を把握できる

ここを見てね!

【資本異動】	【株式】 【財務】	【株主】	【業績欄】	【特色】 【連結事業】	コード 社 名
【特集】	【CF】	【役員】 【連結】	【材料欄】		
【業績】 四季報予想 会社予想		【配当】	【本社】 【証券】		

予想の根拠を記事に凝縮、期中の変化にも注目

　『四季報』の記事は、1社あたり19文字×9行というコンパクトな誌面にまとめられています。このうち、記事の前半は予想数字を作った根拠となる業績動向についてまとめた**業績欄**、後半は最新のトピックスや中長期的な成長戦略、会社が抱える課題などについてまとめた**材料欄**となっています。

　業績欄は原則として、その期の業績（1期目）の動向について書かれています。今期の決算期末が近い場合には「○年○月期は」という断り書きをして、来期の業績動向（2期目）について言及しています。

　注意したいのは、**業績動向については営業利益の増減を中心に記述**してあることです。営業利益は本業の稼ぐ力を端的に表します。そこで『四季報』では、主要セグメントごとの販売状況、原価、販売管理費などコスト要因の変化を踏まえて、この営業利益が前期、あるいは前号に比べて増えるのか減るのかをまとめています。もちろん、営業外損益や特別損益、読者の関心が高い配当についても、動きがある場合には解説をしています。

記者の予想の裏付けを業績欄で解説

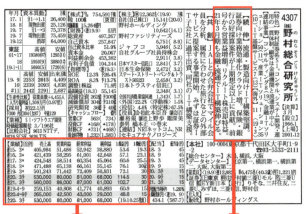

業績欄は、本業の儲けである営業利益を中心に記述

【業績】は、過去の実績と、今期と来期の２期の業績と、配当予想の数値を掲載。下段には**会社が公表する業績計画も併記している**

記事の前半＝業績欄で、業績予想の根拠となる事業セグメントごとの販売動向と費用を解説

　会社を分析する上では、業績予想数値で利益の増減を見るだけでなく、その予想の背景を知ることが重要です。同じ増益でも、どの事業、どの商品が牽引役であるかによって今後の成長性が違ってくるからです。また、売上高が停滞しているにもかかわらず、広告宣伝費や将来に向けた投資など必要な経費を削減することで、何とか増益となっているケースもあります。

　逆にいえば、減益であってもユーザーを増やすために先行投資として広告費を積極的に投入している、人員の採用を前倒しして進めているなど、将来に期待ができる前向きなものもあります。もちろん、抜本的な再建の手だてがない減益もありますので、会社業績の方向性を業績記事から読み取ってください。

業績の勢いを示す見出しに注目

『四季報』の記事では、限られた文字数で会社の業績・業容を言い表す必要があります。そのため、重複や冗長な表現を削り、独特の用語や言い回しを使うことがあります。慣れない読者にとっては一見、難しそうに見えるかもしれませんが、コツをつかめば判断材料のヒントを豊富に得ることができます。

中でも、業績欄の記事を一瞬で把握するのに便利なのが、業績の勢いをひと言に凝縮した見出しです。見出しには大きく分けると過去実績との比較、『四季報』前号に掲載した業績予想との比較、会社計画との比較という3つの評価基準があります。

1つめの、**過去実績との比較**には【大幅増益】や【反発】といった見出しがあります。【大幅増益】は、文字どおり前期と比べて営業利益が大幅に伸びること、【反発】は前期がその前の期に比べて減益となったものの、今期は増益となることを示します。単なる増益、減益という表現だけでなく、**できる限り中期的な業績の推移を見出しでコンパクトに表現できるように工夫しています。**

2つめの『**四季報**』**前号との比較**には、【増益幅拡大】や【下振れ】などがあります。今号の四季報予想の営業利益が、3カ月前に発売した前号の予想に対し増えたのか、減ったのかを表しています。会社計画との比較ではなく、あくまで『四季報』の独自予想の前号比増減であることに留意してください。

3つめの**会社計画との比較**には【独自増額】などがあります。これらの見出しは、記者が独自の予想をしていて、なおかつ会社計画との差が大きい場合に使っています。

株式投資では、期中の業績見通しの変化が、株価に大きな影響を与えます。そのため『四季報』では前期との比較に加えて、前号比の見

プラスイメージの見出しに注目

マイナスイメージ	中立的	プラスイメージ	比較対象
【大赤字】【大幅減益】【不透明】【赤字続く】【急落】【ゼロ圏】【急悪化】【続落】【均衡圏】【急反落】【減収減益】【軟調】【下降】【反落】【減益】【微減益】【小幅減益】	【底入れ】【底打ち】【鈍化】（伸び悩み）【横ばい】【下げ止まり】	【微増益】【小幅増益】【増益】【堅調】【好転】【復調】【高水準】【好調】【急回復】【急反発】【急拡大】【V字回復】【連続増益】【大幅増益】【続伸】【急伸】【飛躍】【*最高益】【絶好調】【*連続最高益】	利益が対象 過去実績との比較
【無配続く】【無配】【無配か】【減配】【減配か】	【無配も】【減配も】	【増配も】【復配も】【記念配】【増配】【復配か】【連続増配】【増配か】【復配】	配当が対象
【減益幅拡大】【下振れ】【減額】【下方修正】【大幅減額】	【一転赤字】【増益幅縮小】	【減益幅縮小】【一転黒字】【増額】【上方修正】【上振れ】【増益幅拡大】【**独自増額】【大幅増額】	利益が対象 四季報前号との比較

＊【最高益】【連続最高益】は純利益が対象。それ以外は原則として営業利益が対象。
＊＊【独自増額】は『四季報』の前号ではなく会社計画が比較対象。

【増益】は前期実績との比較、【増額】は前号の『四季報』との比較

出しも使っているのです。なお、前号比で営業利益の予想を増額した場合は、状況に応じて【増益幅拡大】【一転増益】【一転黒字】【減益幅縮小】などの表現を使うこともあります。逆に、減額した場合は、【減益幅拡大】【一転減益】【一転赤字】【増益幅縮小】など、ニュアンスを含め表現に工夫をこらしています。

　前期と比較した配当の増減も、投資家の注目が高いポイントとなります。『四季報』では、業績予想だけでなく**配当も独自に予想**しています。配当に変化があるときは、配当を対象にした見出しもつけています。【連続増配】【増配か】など、配当予想に関する見出しにも注目してみてください。

材料欄で将来性を先取りしよう

株価を大きく動かすことがある材料欄。成長戦略や課題を継続的に見ることで、その会社の将来性を把握しよう

ここを見てね!

【資本異動】	【株式】【財務】	【株主】		【材料欄】	【業績欄】	コード【特色】【連結事業】社名
【特集】	【CF】	【役員】【連結】				
【業績】四季報予想会社予想		【配当】		【本社】【証券】		

中長期的に期待できる成長のタネを探そう

　会社の成長力を知るためには、今期と来期の業績見通しだけでなく、数年先の収益力に影響を与えるようなトピックスにも注目することが大切です。その際参考になるのが、『四季報』記事の後半部分にあたる材料欄です。

　材料欄では、新規事業の取り組みや、中期経営計画、新工場の建設計画、これから期待の新商品、資金調達方針などが書かれています。こうした内容が世の中のトレンドと見事に合致すれば、いつのまにかその会社の業績が何倍にも何十倍にも成長することにつながるかもしれません。そんな宝探し感覚が味わえるのも、材料欄の面白さです。

　ちなみに、世の中のトレンドは株式市場では「テーマ」といわれ、関連する事業があるというだけで、その会社の株が大きく上昇したりすることもあります。

　たとえば、最近注目されているテーマは5G（第5世代移動通信システム）、キャッシュレス、AI（人工知能）、国土強靭化、人手不足対策、脱プラスチック、代替肉（植物肉、人工肉、フェイクミート）、eスポーツな

中長期の成長性を読み取る

9697 (株)カプコン

【やや増額】パチスロ黒字化。『ストファイ』種目採用の「eスポーツ」20年のインテル国際大会の拡大や地域別チーム設立狙いやグーグル向け次世代ゲーム開発に意欲。

【特色】家庭用ゲームソフト開発大手、アクション系に強み。パチスロ機やアミューズメント施設も
【連結事業】デジタルコンテンツ79(17)、アミューズメント10(3)、他7(3)〈19・3〉

【決算】3月
【設立】1979.5
【上場】1990.10

世界的に人気が高まりつつあるeスポーツの大会でゲームが採用されるというトピックス。人気のテーマについて材料欄に書いてあるというだけで飛びつくのではなく、**中長期での業績影響を考える**ことが大切だ

6762 TDK

【連続増益】センサーは車載向けに続化でもスマホ向け堅調。HDDは高単価化し比率上昇。受動部品も電池など各種応用製品の拡大続く。営業増益増。

【5G向け】5G通信に対応したスマホ向けフィルターの介護量帯に利用できるモニタリングシステム開発。通信で使われるミリ波帯、本格化する5G、震要取り込み。産開始。

【特色】電子部品大手。HDD用磁気ヘッド、コンデンサーなど受動部品、29電池関連、13電池応用製品(31)、他5(7)、エナジー応用製品(20)、磁気応用製品6(1)、他2(39)〈海外92(6)〉

【決算】3月
【設立】1935.12
【上場】1961.9

注目テーマである5G。5G対応スマホとは何か、需要がいつから本格化するのか、全体の業績にどの程度のインパクトがあるのか──材料欄をきっかけに自分で調べるうちに、将来の成長銘柄が見つかることも！

どです。材料欄にこうしたテーマに関連する内容が書かれていたら、その会社に注目してみてもいいでしょう。第6章4節でも詳しく説明しています。

　ただ、このような流行りのテーマに乗って株価が急上昇したとしても、移り気な投資家はすぐに次のテーマに乗り換えてしまい、人気が長続きしないこともあります。その会社の、テーマに関する取り組みが本当に将来の利益につながるのか、あるいは流行に表面上乗っているだけなのか、**事業の可能性を冷静に見極める**ことが大切です。

　このように、『四季報』の材料欄を読むことで、その会社の将来性や課題が浮かび上がってきます。会社の将来に向けた取り組みや、課題に今後どう対応するかを継続的に見ていけば、**中長期的に成長していく会社を見定める**ことができるようになるでしょう。

「事実と変化」に注目 達人の四季報活用法

【独自増額】【絶好調】【躍進】など、高評価を表す「見出し」を探して有望会社を探し出そう

ここを見てね！

【資本異動】	【株式】 【財務】	【株主】	【材料欄】	【業績欄】	【特色】 【連結事業】	コード 社名	前号比修正矢印
【特集】	【CF】	【役員】 【連結】					
【業績】 四季報予想 会社予想		【配当】	【本社】 【証券】				

欄外マークと見出しの合わせ技

「『四季報』で注目すべきは、『事実と変化』だ」——かつて『四季報』の編集長を務めたあるベテラン編集者は、四季報活用法セミナーなどで参加者にこう伝えています。業績の状況や新しいトピックスといった「事実」と、前号と比べて何が違っているのかという「変化」の2点に着目して読むことが、企業分析や株式投資においては大切だということです。

　ある個人投資家は、『四季報』を入手したら急いで3回、すべてのページに目を通すそうです。1回目は、【絶好調】【最高益】【続伸】など好調さを示す見出しや、欄外にある会社予想比マーク（「☺会社比強気」など）、前号比で予想数字を変えた場合に出る前号比修正矢印をチェックして、気になった銘柄に付箋を立てておきます。

　2回目は付箋を立てた会社の業績数字を点検して、有望な会社を絞り込みます。そして3回目には付箋が残っている会社の記事をじっくり読み、株価チャートで現在の株価の状況も確認して、投資すべきかどうか検討するのだそうです。

達人の『四季報』は付箋でいっぱい

『四季報』読破の達人は、見出しや前号比
矢印などに着眼。数種類の付箋を使い分けて
気になる会社をチェックしている

　全ページをじっくり読むのは大変な作業になるので、**見出しと欄外のマークを活用して、気になる銘柄をスクリーニングしてから読み込もうという作戦**です。このように条件を設定して会社を絞り込むためには、Web版の『四季報』である『四季報オンライン』のスクリーニング機能が便利です。

紙版には「出会い」の妙味

　一方で、紙には一覧性の強みがあります。以前、「雪印メグミルク（2270）を調べようと『四季報』のページを開いたところ、たまたま近くに載っていた六甲バター（2266）の記事が目にとまり投資したところ、株価が急上昇した」という投資家の方がいました。こうした偶然の出会いは、デジタル版には望めません。紙媒体の『四季報』ならではの強みといえそうです。『四季報』の読み方に正解はありません。**それぞれに工夫して、自分なりの活用法を見つけてください。**

7　発売は年に4回！各号の賢い使い方

年4回発売される『四季報』はそれぞれ特徴がある。各号の特徴を使ってサプライズ銘柄を見つけよう！

ここを見てね！

【資本異動】	【株式】【財務】	【株主】			【材料欄】	【業績欄】	コード 【特色】【連結事業】	社　名
【特集】	【CF】	【役員】【連結】						
【業績】 四季報予想 会社予想		【配当】	【本社】【証券】					

3月決算の場合の各号の注目ポイント

『四季報』は3月、6月、9月、12月の年4回発売され、毎号で活用すべきポイントが変わります。上場会社の約7割を占める3月期決算企業を例に、ポイントを整理してみましょう。

6月発売の「夏号」は、5月までに出そろった前期の本決算の実績を基に、今期決算の見通しを解説する号です。前期の本決算発表日に今期の会社業績計画も発表されるため、記者は取材を通じてその計画が楽観的なのか、慎重な見通しなのかなどを吟味して、前期実績との比較を中心に記事をまとめます。

9月発売の「秋号」では、第1四半期（4～6月）決算の実績を踏まえ、為替や市況などの前提条件に変化はないか、会社計画に狂いが生じていないかを確認。期初から想定以上に勢いがある会社、逆にスタートダッシュでつまずいて挽回が難しそうな会社などがあれば、**独自予想に反映**します。

12月発売の「新春号」は第2四半期（7～9月）決算までの実績がベースとなる号です。事業年度の折り返し地点を過ぎて、通期計画に

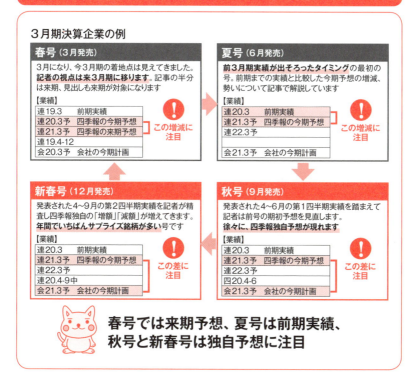

『四季報』の注目ポイントは毎号変わる

3月期決算企業の例

春号（3月発売）

3月になり、今3月期の着地点は見えてきました。**記者の視点は来3月期に移ります**。記事の半分は来期、見出しも来期が対象になります

【業績】

連19.3	前期実績
連20.3予	四季報の今期予想
連21.3予	四季報の来期予想
連19.4-12	
会20.3予	会社の今期計画

！ この増減に注目

夏号（6月発売）

前3月期実績が出そろったタイミングの最初の号。前期までの実績と比較した今期予想の増減、勢いについて記事で解説しています

【業績】

連20.3	前期実績
連21.3予	四季報の今期予想
連22.3予	
会21.3予	会社の今期計画

！ この増減に注目

新春号（12月発売）

発表された4〜9月の第2四半期実績を記者が精査し四季報独自の「増額」「減額」が増えてきます。**年間でいちばんサプライズ銘柄が多い号です**

【業績】

連20.3	前期実績
連21.3予	四季報の今期予想
連22.3予	
連20.4-9中	
会21.3予	会社の今期計画

！ この差に注目

秋号（9月発売）

発表された4〜6月の第1四半期実績を踏まえて記者は前号の期初予想を見直します。**徐々に、四季報独自予想が現れます**

【業績】

連20.3	前期実績
連21.3予	四季報の今期予想
連22.3予	
四20.4-6	
会21.3予	会社の今期計画

！ この差に注目

春号では来期予想、夏号は前期実績、秋号と新春号は独自予想に注目

対する達成見通しがはっきりとしてきます。記者の腕の見せ場で、独自の増額、減額予想が増えてきます。**新春号は、サプライズが最も多くなりやすい号**といえます。

　3月発売の「春号」は、第3四半期（10〜12月）決算までの実績を踏まえた号です。今期の終わりが近づき、来期の動向についての関心が高まるタイミングです。記者の視点も来期に移り、業績欄のコメントは半分以上が来期に関するものとなります。**見出しも来期の業績についての内容となりますので、次の1年を先取りするには打ってつけです。**

▶『四季報オンライン』の 紙にない特徴とは？

独自の機能やオリジナルコンテンツが満載。紙版とWeb版、どちらもうまく利用して『四季報』を使い倒す！

紙の『四季報』の情報を拡充、随時更新

　2013年12月にスタートした『四季報オンライン』は、『四季報』の情報をベースに、**インターネットならではの検索機能、関連情報の相互リンク、リアルタイムでの情報更新、ウォッチしたい銘柄の登録**などの機能を付加しています。

　初中級者向けのベーシックプランは月額1000円（税別）、より情報量や機能を拡充させた上級者・プロ向け仕様のプレミアムプランは5000円（税別）となっています。無料でも一部の記事閲覧や機能を利用できますので、興味を持たれた方は試しにサイトを訪れていただくと雰囲気がつかめるでしょう。

　トップページは株式投資に関するニュースや記事、マーケット情報などで構成されています。上部中央の検索窓に会社名か証券コードを打ち込めば、その銘柄の個別ページに飛びます（右図）。**個別ページには『四季報』の誌面に掲載されている記事、財務情報、業績表など**が掲載されていますが、横書きで、項目の配置なども異なります。

　また、**企業情報、長期業績などのリンクをクリック**すると、その銘柄に関するより詳細な情報が掲載されているページに飛ぶことができます。たとえば長期業績をクリックすると、その銘柄の過去10期分

『四季報オンライン』の基本構造（画面の上段）

の業績などのデータを一覧できるページに移動します。ただ、ベーシックプランの場合は、閲覧できる情報が制限されるケースがあるのでご注意ください。

適時開示情報や競合他社との比較も

　銘柄の個別ページを下方にスクロールすると、中段には**株価情報**や**投資指標**が掲載されています（右上図）。その右には**チャートや業績グラフ**もありますので、テクニカル分析をする際は、併せてこちらをご覧いただくとよいでしょう。

　さらに下方にスクロールすると、その銘柄に関する**『四季報オンライン』の過去記事や適時開示情報、大量保有速報**などが掲載されています。適時開示情報の欄では、東京証券取引所の運営する適時開示情報伝達システム（TDnet）に掲載される、上場企業が開示した決算やM&A（合併・買収）などの重要情報を読むことができます。企業から発表された公式情報ですので、その内容は押さえておいた方がよいでしょう。

　大量保有速報の欄では、その銘柄の大口投資家の株式売買動向を知ることができます。

　ライバル比較の欄では、事業内容や時価総額などが近い銘柄を東洋経済で選定したうえで、株価や投資指標などを比較できるようになっています。PER（Price Earning Ratio：株価収益率）やPBR（Price Book-value Ratio：株価純資産倍率）などの投資指標は競合他社同士で比べることが基本です。その差を見ることで、市場からの評価の違いがわかります。市場の評価が過度に開きすぎていると思えば、いずれ是正されることを期待して、低く評価されている側の銘柄に投資するといった手法もあります。

　今まで知らなかった有望銘柄を見つけることができるかもしれません。大手の有名企業であれば競合他社はすぐに思い浮かびますが、中小企業となるとそうはいかないことも。興味をもった中小型銘柄のページを閲覧している際に、**ライバル比較で意外な有望競合他社を発見できる**ことがあります。

株価指標とチャートが充実（画面の中段）

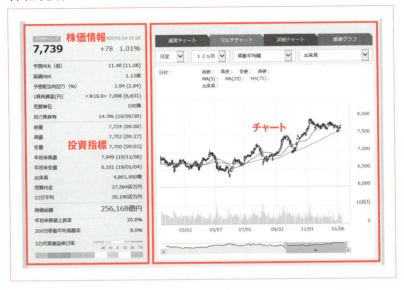

株価情報

投資指標

チャート

適時開示や大量保有報告書も見られる（画面の下段）

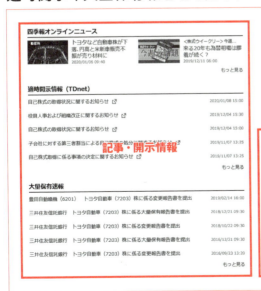

記事・開示情報

ライバル比較

第2章

会社の「基本」を知ろう

1 証券コードは会社の背番号

証券コードを使えば、知りたい会社の株価情報や会社概要、関連記事などがスムーズに検索できる

ここを見てね！

【資本異動】	【株式】 【財務】	【株主】			コード
			【材料欄】	【業績欄】	【特色】 【連結事業】 社　名
		【役員】			
【特集】	【CF】	【連結】			
【業績】 四季報予想 会社予想		【配当】	【本社】 【証券】		

証券コードは単なる数字にあらず

　『四季報』の社名の上にある4ケタの数字は証券コードと呼ばれ、上場会社の背番号のようなものといえます。上場する際に、証券コード協議会によって定められます。

　証券コードはもともと、**業務内容に基づいて**番号が定められています。『四季報』では1968年秋号から掲載していますが、当時は、水産・農林1300番台、建設1700〜1900番台、食料品2000番台、化学4000番台、機械6000番台、自動車など輸送用機器7000番台、銀行8300番台、不動産8800番台、情報・通信9400番台、電気・ガス9500番台など業種ごとにきっちりまとまっていました。

　さらに100の位で業種が細分化されている場合もあります。代表的なのは3000番台の繊維製品です。下3ケタが000番台は絹紡績、100番台は綿紡績、200番台は毛紡織、300番台は麻製品、400番台は化学繊維、500番台はそのほか繊維製品など、に振り分けられています。

　証券コードの下2ケタが01の会社は、業界の代表的な会社や老舗

証券コードと業種の関係

証券コード	業種
1300 ～	水産・農林業
1500 ～ 1699	鉱業
1700 ～ 1999	建設業
2000 ～ 2999	食料品
3000 ～ 3599	繊維製品
3700 ～ 3999	パルプ・紙
4000 ～ 4999	化学・医薬品
5000 ～	石油・石炭製品
5100 ～	ゴム製品
5200 ～ 5399	ガラス・土石製品
5400 ～ 5699	鉄鋼
5700 ～ 5800	非鉄金属
5900 ～	金属製品
6000 ～ 6499	機械
6500 ～ 6999	電気機器

証券コード	業種
7000 ～ 7499	輸送用機器
7700 ～ 7799	精密機器
7800 ～ 7999	その他製品
8000 ～ 8299	卸売業・小売業
8300 ～ 8599	銀行・その他金融業
8600 ～	証券・先物取引業
8700 ～	保険業
8800 ～	不動産業
9000 ～	陸運業
9100 ～	海運業
9200 ～	空運業
9300 ～	倉庫・運輸関連業
9400 ～	情報・通信業
9500 ～	電気・ガス業
9600 ～ 9999	サービス業

証券コードはもともと、その会社の業務内容に基づいて定められていたが……

企業が多く、「01銘柄」と呼ばれます。たとえば、2001は製粉会社最古参の日本製粉、6501は総合電機最大手の日立製作所です。

　近年は、該当する業種とは異なる番号が振られるケースが増えています。上場会社数の増加や、IT（情報通信）関連といった新業界から上場する会社が増え、該当する業種のコードが不足したうえ、M&A（合併・買収）などで業態が変わる会社が出てきているためです。

　流通コングロマリットとしてライバル関係にあるセブン＆アイ・ホールディングスとイオンを見てみましょう。イオンは8267と商業の番号ですが、セブンは3382と繊維製品の番号が付いています。セブン＆アイの前身であるセブン-イレブン・ジャパンは8183、イトーヨーカ堂は8264で、共に商業に属していました。経営統合によって番号が変わってしまったケースです。ただ、たとえばソフトバンクグループ（9984）の携帯子会社であるソフトバンクのコード番号

は9434で、これは前身の日本テレコムから引き継がれています。

証券コードで迅速に検索

　気になる会社の証券コードは覚えておくと何かと便利なものです。**『四季報』はコード順に掲載していますし、ほかの株式投資雑誌もコード順に掲載する**ことがほとんどです。証券コードがわかれば、目次や索引を使うことなく、知りたい会社のページを素早く開けます。『四季報オンライン』でも、証券コードを入力するだけで該当する会社の株価情報や会社概要、関連記事などを簡単に手に入れられます。

　電話で株式の売買注文などを出す際も有用です。金型メーカーの「鈴木」と、自動車メーカーの「スズキ」は、ともに読みが「すずき」です。「6785の鈴木」、「7269のスズキ」と言い分ければ、間違いなく伝えられます。

　株式会社には、会社名の前に「株式会社」がつく前株、後ろにつく後株の2つがありますが、『四季報』では、**前株の場合は（株）を付けて表記し、後株は省略**しています。前株と後株に大きな意味の違いはありません。ただ、歴史のある大企業が多い東証1部（東証＝東京証券取引所）では6割強が後株です。一方、新進気鋭の会社が多い新興市場では前株が多い傾向があります。

東洋経済業種は収益性に着目

　『四季報』欄外に表示されている「建設」「食料品」「電気機器」「小売業」などは、東証33業種のうち、その会社が属する業種の意味です。証券コード協議会が定めており、10の大分類と、33の中分類がありますが、中でも**中分類は東証33業種と呼ばれ、『四季報』以外でも幅広く利用**されています。一方、**【業種】に記載している業種は、東洋経済新報社が独自に設定した業種**です。その会社の利益がどのような

会社の基本情報はここを見る

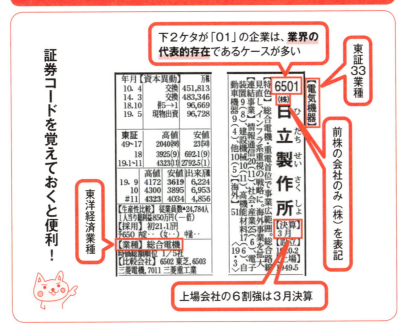

証券コードを覚えておくと便利！

下2ケタが「01」の企業は、**業界の代表的存在**であるケースが多い

東証33業種

【電気機器】6501（株）日立製作所

前株の会社のみ（株）を表記

【決算】3月

東洋経済業種

【業種】総合電機

上場会社の6割強は3月決算

事業から生まれているかを基準に、60の業種を定めています。東証33業種とは異なる場合もあります。

　社名の下にある【決算】は、各社の本決算月を表しています。かつてはトヨタ自動車（7203）が6月、松下電器産業（現・パナソニック［6752]）が11月決算など決算月はさまざまでしたが、今では**3月決算が上場会社の6割強**を占めています。

　経済のグローバル化が進む中、欧米など海外で主流の12月決算を選択する企業も増えています。一方で、小売業のように、冬物シーズンが終わる2月、夏物シーズンが終わる8月などの棚卸しに合わせて決算月を設定している業界もあります。なお、決算が月末でない場合は、「2.20」「3.20」などのように決算期末日を掲載しています。

2 会社の特徴や強みを【特色】で瞬時に理解

【特色】の2行を読むだけで、社名からは想像しにくい事業内容から特徴までひと目でわかる

ここを見てね！

【資本異動】	【株式】	【株主】			コード
	【財務】		【材料欄】	【業績欄】	【特色】【連結事業】 社名
		【役員】			
【特集】	【CF】	【連結】			
【業績】四季報予想会社予想		【配当】	【本社】【証券】		

業界順位がすぐにわかる

　株式投資やビジネス、就職活動などのために会社の研究をするには、当たり前のことですが、どんな会社かを把握することが大切です。

　大成建設（1801）や武田薬品工業（4502）のように、社名で事業内容がすぐに想像できる会社なら問題ないでしょう。ところが最近では、IT（情報通信）業界を中心にカタカナやアルファベットの社名が増え、社名を見ただけでは、どのような事業を行っているかわかりにくくなっています。

　その際、便利なのが『四季報』の【特色】です。わずか2行の文章で、その会社の**特徴、由来、主な事業、業界内での地位やシェア、系列、企業グループなどをコンパクトに解説**しています。

　たとえばゼンショーホールディングス（7550）。社名から事業内容を推測することはほとんどできませんが、『四季報』2020年新春号の【特色】を見ると、牛丼店やファミリーレストランなど幅広い業態を手がける外食企業の最大手であることがわかります。

　スズキ（7269）は、軽自動車のシェアで国内2位、2輪では国内

会社の強みをコンパクトに解説

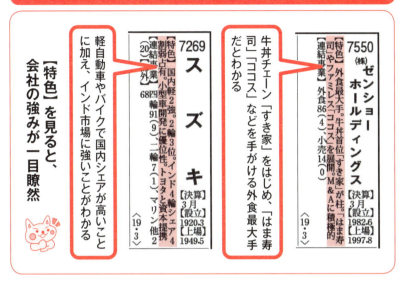

【特色】を見ると、会社の強みが一目瞭然

軽自動車やバイクで国内シェアが高いことに加え、インド市場に強いことがわかる

7269 スズキ

【特色】国内軽２強。２輪３位。インド４輪シェア４割弱占め首位。小型車開発に優位性。トヨタと資本提携
【連結事業】４輪91（9）、二輪7（1）、マリン他2〈20〉外
【決算】3月【設立】1920.3【上場】1949.5〈19・3〉

牛丼チェーン「すき家」をはじめ、「はま寿司」「ココス」などを手がける外食最大手だとわかる

(株) 7550 ゼンショーホールディングス

【特色】外食最大手。牛丼首位「すき家」が柱。「はま寿司」やファミレス「ココス」を展開。M&Aに積極的
【連結事業】外食86（4）、小売14（0）〈19・3〉
【決算】3月【設立】1982.6【上場】1997.8

3位であることがわかります。さらに、インドでの4輪車のシェアが4割弱あることや、小型車に強いこと、トヨタ自動車と資本提携を結んでいることなど、業界内での位置づけや強みがわかります。こうした占有率や業界内でのポジショニングは、会社のホームページを見てもなかなか書いてありません。

なお、業界内での順位づけが難しい場合には、「最大手級」や「大手〇社の一角」などのように表している場合もあります。

その会社がどのような系列やグループに入っているかも重要な情報です。**【特色】では、「〇〇系」「〇〇グループの一員」など、企業グループとの関係も記載**しています。

たとえば三菱商事（8058）には「総合商社大手。三菱グループ中核。原料炭等の資源筆頭に機械、食品、化学品等の事業基盤厚い」と、三菱グループの中心であることが記載されています。三菱グループのほ

か、三井や住友、古河など旧財閥に属する会社については、重要な情報として系列やグループ名、その中での位置づけを記載しています。

親会社や企業グループ向けの売上高を記載している場合もあります。テイ・エス テック（7313）には「ホンダ系の４輪シート部品メーカー。２輪車用も手がける。約９割がホンダグループ向け」とあります。社名からは想像しづらいですが、ホンダ系列であること、そしてホンダグループ向けの売上高が全体の９割前後に達していることがわかります。

３カ月ごとに見直し、最新の情報を掲載

事業環境が変化する速度は年々増しており、企業の合従連衡が進んでいます。2017年４月に誕生したJXTGホールディングス（5020、2020年６月からENEOSホールディングスに社名変更）をはじめ、2019年４月のふくおかフィナンシャルグループ（8354）と十八銀行の経営統合や、ココカラファイン（3098）とマツモトキヨシホールディングス（3088）の統合協議など、大きな再編が頻発しています。また、老舗企業がまったく新しい事業にチャレンジするケースもあります。

【特色】は『四季報』発売の３カ月ごとに見直し、こうした企業の変化をいち早く取り込むよう工夫しています。たとえばJXTGホールディングスの【特色】には「17年４月に東燃ゼネラルと経営統合、国内シェア５割の石油元売り首位。銅など非鉄事業兼営」とあります。同社がJXホールディングスと東燃ゼネラルが経営統合して誕生し、２位の出光興産や３位のコスモエネルギーホールディングスを抑えて石油元売りの首位であることがわかります。

中村屋（2204）は「和菓子老舗。中華まんが収益源で下期偏重。インドカレーの草分け。不動産賃貸事業も展開」と、本格的なインドカレーを生み出した同社の歴史と、過去に蓄積した資産を活用して不動

3カ月ごとにアップデート

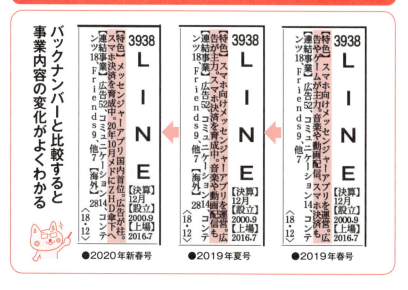

バックナンバーと比較すると
事業内容の変化がよくわかる

●2020年新春号　●2019年夏号　●2019年春号

産賃貸を行っていることがわかります。

　上場会社で歴史が最も古い松井建設（1810）は「1586年創業、社寺建築で優れた技術。学校、福祉建設等民間建設中心。太陽光発電事業も」と、創業年を記載するとともに、太陽光発電など社名からイメージできないビジネスを手がけていることが書いてあります。

　ここ1～2年で【特色】が大きく変化している例には、LINE（3938）があります。2019年春号時点では「スマホ向けメッセンジャーアプリを運営、広告やゲームが主力。音楽や動画配信、スマホ決済も」でした。それが2019年夏号では、スマホ決済の部分が「スマホ決済を育成中」と書き換えられました。さらに2020年新春号では「20年10月メドにZHD傘下へ」とあり、ソフトバンク系で、スマホ決済を育成するZホールディングス（4689）と経営統合することに言及しています。

▶ 会社プロフィールで 全体像をつかもう

紙の『四季報』より詳細な特色を掲載。銘柄探しや
就活の会社選びはもちろん、普段のビジネスにも活躍

事業内容、沿革、ビジネスモデルがわかる

『四季報』では上場企業の事業内容を【特色】にまとめていますが、**『四季報オンライン』の会社プロフィール欄ではさらに詳細な情報を**得ることができます。個別銘柄ページから「企業情報」のリンクをクリックすると、会社プロフィール欄をページ上部に呼び出せます。ここに、200〜250字程度で**事業内容のほかに沿革、ビジネスモデル、投資対象としてのテーマ**といった内容が書かれています。

　右は近年、注目されている3社の事例です。**丸井グループ（8252）**は、青井氏一族の経営で、日本で初めてクレジットカードを発行しました。同社の収益柱が今もカードショッピングやキャッシングなどのフィンテック事業であるのは、こうした経緯があるからです。小売り事業もオーナー経営のリーダーシップが発揮され、百貨店型から店舗スペースを貸し出すショッピングセンター型へと変革が進んでいます。

　工場用間接資材と工事用品のネット通販会社**MonotaRO（3064）**の強さは、「工具界のアマゾン」とも称されるほどです。株価は企業の設備投資の動向に反応しやすい特性についてもふれています。

　決済処理を手懸ける**GMOペイメントゲートウェイ（3769）**はゾゾタウンの「ツケ払い」サービスの決済を担当するなど、顧客に多くの業

四季報記者が会社プロフィールで企業を評価

⊙ 8697 ⊙	**日本取引所グループ**	銘柄登録

始値	1,923 (09:00)
高値	1,924 (09:00)
安値	1,800 (10:33)
出来高	2,313,500株
時価総額	9,750億円

【特色】持株会社。傘下に東証、大阪取引所、日本証券クリアリング機構。東京商品取引所を１９年秋統合
【連結事業】取引関連収益40、清算関連収益20、上場関連収益12、情報関連収益17、他10 <19・3>
【比較会社】8604 野村HLD 8601 大和証券G

| ⊃四季報 | 企業情報 | 長期業績 | 過去の四季報 | 大株主 | 株主優待 | 時系列 |

【会社プロフィール】
２０１３年１月に経営統合して誕生した持株会社。傘下に現物株主体の東京証券取引所、日経２２５先物など金融デリバティブ（派生商品）主体の大阪取引所、清算機関の日本証券クリアリング機構、自主規制機関の日本取引所自主規制法人。ジャスダックやマザーズなど新興企業向け市場も擁する国内証券・金融デリバティブ取引所のガリバー的存在。２０１９年９月に東京商品取引所を統合。２０２０年夏をメドに商品の大半を大阪に移管。証券会社を商品先物・商品デリバティブ取引に誘客し取引活発化を促す構え。(2020/01/31更新)

丸井グループ (8252)
1931年に月賦販売商に勤めていた青井忠治氏がのれん分けで創業、**青井一族色**。60年に月賦をクレジットに呼称変更し、**日本初のクレジットカードを発行**。カード事業が収益の柱。小売事業は80年代のDCブランドブームで成長。若年層向けファッションに強かったが、現在はカルチャー・ライフスタイル型店舗へと主軸切り替え。**収益構造も、百貨店型から店舗スペースを貸し出して賃料収入を得るショッピングセンター型へ転換中**。モノを売らないテナントも積極誘致しており、「売らない店」を標榜。浮動株比率低い。キャッシュレス関連。

MonotaRo (3064)
工場用間接資材と工事用品のネット通販会社。住友商事の社内ベンチャーで、住商と米国資材通販大手グレンジャー社が共同出資で設立。2009年9月にグレンジャーが住友商事の保有全株を取得、筆頭株主に。**工具界のアマゾンとも呼ばれる**。主顧客は国内中小製造業者と工事業者。自社サイト「MonotaRO.com」と、年2回刊の紙カタログ掲載商品をネット、ファクシミリで受注するが9割超がネット経由。兵庫・尼崎と茨城・笠間の物流センターから配送しており、さらなる配送能力拡大を計画している。**株価は企業の設備投資に敏感**。

GMO ペイメントゲートウェイ (3769)
決済処理代行大手。1995年設立、2005年にGMOインターネットの子会社に。クレジットカードや電子マネー向け決済サービスなどを提供。NHKや月額課金型の事業者、年金・税金など決済のコンビニ経由による取り扱いも。**16年11月にはゾゾタウンの「ツケ払い」サービスの決済事業を開始**。順調に事業拡大している大手顧客が多く、EC市場の成長スピード以上に処理金額が拡大している。他方で**景気影響を緩和するため、公共料金の決済代行の拡大を図る**。**ASEAN向け中心に海外の決済サービス事業開拓**にも注力。

績好調企業を抱えています。決済市場は拡大していますが、それ以上に同社の業績が伸びているのはこうした背景にあることが窺えます。

　『四季報』の業績・材料記事は３カ月ごとに更新されますが、会社プロフィールはより普遍的な内容となっています。

【連結事業】で
収益の柱を把握する

【連結事業】を見ると、どの事業が収益柱なのかが一目瞭然。ライバル会社と比較すれば強みが浮き彫りに

ここを見てね！

【資本異動】	【株式】【財務】	【株主】			コード
		【役員】	【材料欄】	【業績欄】	【特色】【連結事業】 社 名
【特集】	【CF】	【連結】			
【業績】 四季報予想 会社予想		【配当】	【本社】【証券】		

収益柱の事業はここでわかる

　会社を研究する際の基本は、その**会社の利益の源泉となっている事業がどの事業かを把握**することです。そのとき便利なのが『四季報』の【連結事業】（単独決算企業は【単独事業】）です。

　この欄では、直近決算期時点での主要事業の売上高構成比（全売上高に占める各事業の割合）を記載しています。構成比の後ろにある（　）**内の数値は、それぞれの事業の売上高営業利益率（各事業の営業利益÷各事業の売上高）**を表し、▲印はその事業が赤字であることを示しています。

　【連結事業】を見れば、その会社の主力事業が何かわかるだけでなく、**どの事業が儲かっているのかが一目瞭然**です。5年前、10年前、など時系列で比較したり、ライバルとなる会社と比較したりすれば、その会社の姿を、よりはっきりとつかむことができます。

過去との比較で成長分野を確認

　東洋紡（3101）の【連結事業】を見てみましょう。東洋紡の場合、「フィルム・機能樹脂、産業マテリアル、ヘルスケア、繊維・商事、不

【連結事業】で強みがわかる

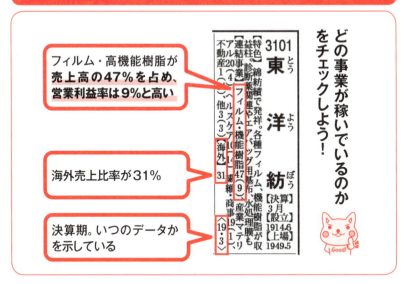

どの事業が稼いでいるのかをチェックしよう！

フィルム・高機能樹脂が**売上高の47%を占め、営業利益率は9%と高い**

海外売上比率が31%

決算期。いつのデータかを示している

Good!

動産、他」と、事業が多岐にわたっていることがわかります。そして、祖業である繊維は売上高の19%にとどまり、非繊維のフィルム・機能樹脂が売上高の47%と、主力事業になっていることもわかります。

　営業利益率に目を向けると、フィルム・機能樹脂は9%と比較的利幅の大きい事業です。売上規模も考えると、東洋紡の最大の収益柱はフィルム・機能樹脂事業であることが確認できます。

　5年前や10年前の『四季報』と、現在の『四季報』で東洋紡の【連結事業】を比べることで、**事業構成の変化や、個々の事業の収益貢献度の変遷**を理解できます。10年前の『四季報』で東洋紡の【連結事業】を確認すると、2009年3月期には、フィルム・機能樹脂は売上高の33%であるのに対し、衣料繊維も売上高の30%をまだ占めています。この10年間で繊維事業を縮小し、利益率の高いフィルム・機能樹脂事業に力を入れ、伸ばしてきたことがわかります。

同じ繊維発祥の会社でも……

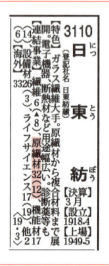

ダイワボウHLDは
ITインフラ流通、
日東紡は工業用ガラス繊維が
最大の収益源！

3110

日東紡（にっとうぼう）

【登記社名】日東紡績

【特色】ガラス繊維大手。原繊材から複合材まで展開。電子機器、断熱材など用途幅広い。診断薬等、他材も展

【連結事業】繊維6（▲8）、原繊材32（12）、機能材17（19・3）、設備材17（19・3）、ライフサイエンス（3）、海外3326（3）、614

【決算】3月
【設立】1918.4
【上場】1949.5

3107

ダイワボウホールディングス

【特色】ダイワボウ情報システム（DIS）が中核でIT関連分野強化。繊維関連は経営資源一本化

【連結事業】ITインフラ流通88（3）、繊維10（4）、工作・自動機械2（9）、他0（3）、19・3

【決算】3月
【設立】1941.5
【上場】1949.5

ライバル会社との比較に便利

　【連結事業】を利用して、ライバル会社と比較すれば、より理解を深めることができます。同じく綿紡績発祥のダイワボウホールディングス（3107）、日東紡（3110）と比較をしてみましょう。

　ダイワボウホールディングスの【連結事業】は、「ITインフラ流通、繊維、工作・自動機械、他」に分かれています。祖業の繊維事業は売上高の10％にまで縮小し、主力事業として企業のIT（情報通信）環境を支援するITインフラ流通事業が売上高の9割弱を占めています。

　日東紡の【連結事業】は「繊維、原繊材、機能材、設備材、ライフサイエンス、他」とあります。原繊材、機能材、設備材はいずれも工業用ガラス繊維を扱っており、これらが日東紡の収益柱になっています。一方、祖業の繊維事業は営業利益率が▲8％と、赤字になってい

ることが確認できます。

　【連結事業】を比較すると、同じ綿紡績発祥のライバル会社でも、フィルム・機能樹脂の東洋紡、ITインフラ流通のダイワボウホールディングス、工業用ガラス繊維の日東紡という**各社の強みを、より正確に把握**することができます。

海外売上比率でグローバル化を診断

　【連結事業】の後ろにある**【海外】**は、日本からの輸出や、米国、中国などの現地子会社が生産・販売した売上高など、**海外の売上高が全体の売上高に占める比率（海外売上比率）**を表しています。ここを見れば、どの程度グローバル化が進んでいる会社かがわかります。

　たとえば、自動車メーカーではマツダ（7261）やSUBARU（7270）などの中堅メーカーでも海外売上比率が80％を超えており、世界で戦っていることがわかります。一方、外食チェーンでは15カ国にラーメン店「一風堂」を展開する力の源ホールディングス（3561）でも海外売上比率が31％と上昇しています。

　銀行については、【連結事業】の代わりに資金構成、資産運用比率、融資比率を記載しています。普通預金や定期預金等の割合を示す【資金】、総資産における現・預金、有価証券、貸出金などの比率を示す【資産】、中小企業等向け、住宅・消費者向けの融資比率を示した【融資】の3項目を表示しています。

　なお、末尾の＜19・3＞は決算期のことで、【連結事業】などのデータがいつ時点のものであるかを示しています。

　『四季報』では、記事の前半部分である**業績欄は、主として【連結事業】の構成に基づいて記述**しています。業績欄を読むときには、【連結事業】の事業構成や事業ごとの営業利益率を一度確認してから記事を読むと理解しやすくなるのではないでしょうか。

4 上場市場や所在地も大事な判断材料

いつ会社ができたのか、どこに本社があるのか、どの市場に上場しているのか。基本情報をよく見ると会社の顔が見えてくる

ここを見てね！

【資本異動】	【株式】【財務】	【株主】	【材料欄】	【業績欄】 【連結事業】	コード 【特色】 社 名
		【役員】			
【特集】	【CF】	【連結】			【設立】【上場】
【業績】 四季報予想 会社予想		【配当】	【本社】 【証券】		

魅力のある会社は設立年でわかる

　設立や上場した年月、上場市場、本社所在地なども、会社のことを知るための重要な情報です。『四季報』では、会社の基本情報として社名欄の中に【設立】【上場】として、株式会社としての設立年月と、上場した年月を、社名欄の下に【本社】として会社の本社所在地を記載しています。

　【設立】は、会社が本格的に立ち上がった年月で、**原則として、株式会社として登記した年月**を示しています。設立年の古い会社は、**戦後の混乱期やバブル崩壊など、経済の荒波のなかでも生き残ってきた、魅力のある会社**といえるかもしれません。

　世界遺産の富岡製糸場を保有していたことで知られる片倉工業（3001）は1920年設立です。【特色】には、「1873年繊維で発祥」と記述されているように、明治初期に事業を始め、生糸会社として明治維新後の日本経済をリードしてきました。現在は養蚕技術などを背景にした医薬品事業や消防車等の機械関係、さらに工場跡地を活用した商業施設「コクーンシティ」運営など不動産事業も展開しています。

設立年で会社の歴史を知る

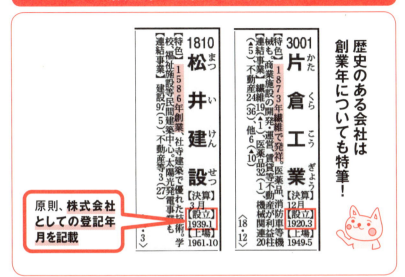

歴史のある会社は創業年についても特筆！

1810
松井建設 まつい けんせつ

【特色】1586年創業、社寺建築で優れた技術。太陽光発電事業も。学
【連結事業】建設97〈5〉不動産等3〈27〉
【校】福祉施設等民間建築中心。

【決算】3月
【設立】1939.1
【上場】1961.10

・3・

3001
片倉工業 かたくら こうぎょう

【特色】1873年繊維で発祥。医薬品、商業施設の開発・運営、賃貸等不動産も。
【連結事業】繊維19〈1〉医薬品32〈1〉機械が防犯関利車等〈5〉不動産24〈36〉他6〈10〉
【械も。連益20柱機

【決算】12月
【設立】1920.3
【上場】1949.5

〈18・12〉

原則、**株式会社としての登記年月を記載**

時代に合わせて多角的な経営を行い、会社を存続させている例です。

株式会社として登記する前に事業を始めていた場合、一般的には創業年が用いられることがありますが、**『四季報』では設立年を基準として掲載**しています。創業年を特筆すべき会社である場合は社名の左隣の【特色】で触れていることがあります。

ちなみに、上場企業で創業が最も古い会社は、加賀藩前田家の城大工を起源とする松井建設（1810）です。『四季報』では1939年設立と記載するとともに、【特色】で「1586年創業」と触れています。

市場によって株価の動きに特徴がある

【上場】はその会社が株式を初めて公開した年月を示しています。興味深いのは、上場年月によって産業の栄枯盛衰がわかることです。繊維や鉄鋼、化学、造船など伝統的産業の多くは、東証が再開された

1949年や翌年の1950年が上場年となっています。続いて1960年代にはエレクトロニクス、1970年代にはスーパー、1980年代には専門店チェーン、1990年代は情報処理、2000年代以降は、IT（情報通信）やサービス関連の会社の上場が増えています。

市場には1部市場や2部市場、新興市場のJASDAQや東証マザーズなど新興市場があり、上場の条件は市場ごとに定められています。大まかにいうと、1部は上場時の株主数や時価総額、流通株式数、経常利益の基準が厳しく、新興市場は緩めに設定されています。

そのため、**1部市場に上場している会社は、発行済み株式数も多く、株価の動きは比較的緩やか**になります。逆に、**新興市場に上場している会社は、株価の値動きが荒くなることが多い**ので、株式投資などの際は注意が必要です。

なお、この1部、2部、JASDAQ、マザーズの4市場の区分は2022年前半をめどに、プライム、スタンダード、グロースの3市場に再編される見通しとなっています。

工場数や店舗数も掲載

上場年月の下に掲載されている【本社】欄では、本社所在地や電話番号を記載しています。本社は実質的な本社機能があるところで、登記された住所とは異なる場合もあります。伊藤忠商事（8001）のように関西を発祥とする会社は東西2本社制を採用しているところが少なくありませんが、こうした場合は【本社】のほか【東京本社】も記載しています。

注意深く見ると、本社を駅から近い便利な場所に置く会社もあれば、カレー専門店の壱番屋（7630）のようにアクセスの不便な住宅街に置く会社もあることがわかります。愛知県の消費生活産業の会社の間では「実際にビジネスをするのは店舗。本社にお金をかけない」と

本社は会社の顔

●壱番屋 (7630)

【本社】491-8601愛知県一宮市三ツ井6-12-23　☎0586-76-7545
【営業所】東京, 大阪, 他7
【工場】愛知, 佐賀, 栃木【店舗】1483
【従業員】〈19.8〉1,331名 753名(39.5歳) 519万円
【証券】[上]東京, 名古屋 [幹]野村 [主]日興, 三菱U モル, 東海東京, いちよし, 丸八, 大和, みずほ, 岡三, SBI [名]三井住友信 [監]トーマツ【銀行】岐阜信金, 三菱U, 三井住友, みずほ, 商中
【仕入先】トーカン
【販売先】一般顧客, FC加盟店

> 壱番屋は「本社にはお金をかけない」経営方針から、**駅から離れた住宅地**に本社を構える

●ケーズホールディングス (8282)

【本社】310-8282水戸市桜川1-1-1　☎029-224-9600
【店舗】茨城34, 千葉36, 愛知28, 北海道28, 新潟26, 埼玉23, 福島16, 他312 計503　187.0万㎡
【従業員】〈19.3〉6,599名 2,232名(39.6歳) 505万円
【証券】[上]東京 [幹]野村 [主]大和, 日興 [名]三菱U あずさ
【銀行】三菱U, みずほ, 三井住友, 常陽, 三井住友信
【仕入先】パナソニックコンシューマーM
【販売先】一般消費者

> 『四季報』のバックナンバーをたどると、茨城以外への出店を拡大していることがわかる

本社を見てその会社の体質を知ることが大切

いう考え方が強く根付いています。**本社は会社の顔ともいわれます。本社を見てその会社の体質を知る**ことは大切です。

【本社】の下には、【工場】【支店】【営業所】などを記載しています。メーカーの場合は主として工場や支店、小売業や銀行、証券では店舗数、鉄道では路線距離キロ数、海運では支配船舶数などを記載し、会社の主要拠点や規模がわかるようにしています。

小売業などは**過去の『四季報』と見比べて、店舗数の増減を知ることで、会社が拡大路線にあるのか、縮小過程にあるのかを確認できます**。同業他社と比較し、その拠点の場所や数から、どのエリアに強い会社なのかなどを知ることも可能です。

【従業員】から優良企業を見つける

1人当たりの売上高や、従業員の増減や平均年齢を見ると、意外な優良企業が見つかる!

ここを見てね!

【資本異動】	【株式】【財務】	【株主】	【材料欄】	【業績欄】	コード【特色】【連結事業】 社　名
		【役員】			
【特集】	【CF】	【連結】			【設立】【上場】
【業績】四季報予想会社予想		【配当】	【本社】【従業員】		

従業員数は会社の効率性の指標に

　『四季報』には、優良企業を見つけるヒントが数多くちりばめられており、【従業員】も例外ではありません。ここでいう従業員数とは、役員やパートなどを含まない、いわゆる正社員のことです。連結決算会社は連結対象の子会社を含めたグループ全体の従業員数と、その会社単独の従業員数の両方を記載、非連結決算の会社では単独の従業員数のみ記載しています。

　上場会社には、従業員30万人を超えるトヨタ自動車（7203）やNTT（9432）、20万人を上回るパナソニック（6752）などの超大企業がある一方、60人のマクアケ（4479）、10人のALiNKインターネット（7077）など、100人に満たない中小企業やベンチャー企業もあります。このように規模が異なる会社で従業員数を単純に比べてもあまり意味はありません。

　【従業員】を有効活用するには、『四季報』に記載されている売上高や営業利益を従業員数で割ってみることをおすすめします。1人当たりの売上高や利益を計算でき、人員の効率性を測る指標にすることが

簡単な計算で生産性がわかる

●トヨタ自動車（7203）

【業績】(百万円)	売上高	営業利益	税前利益	純利益	1株益(円)	1株配(円)
○15. 3	27,234,521	2,750,564	2,892,828	2,173,338	688.0	200
○16. 3	28,403,118	2,853,971	2,983,381	2,312,694	741.4	210
○17. 3	27,597,193	1,994,372	2,193,825	1,831,109	605.5	210
○18. 3	29,379,510	2,399,862	2,620,429	2,493,983	842.0	220
○19. 3	30,225,681	2,467,545	2,285,465	1,882,873	650.6	220
○20. 3予	29,500,000	2,500,000	2,730,000	2,230,000	786.1	220~230
○21. 3予	29,500,000	2,600,000	2,830,000	2,310,000	814.3	220~240
○19.4~9	15,295,595	1,404,336	1,583,485	1,274,976	449.4	100
○20.4~9予	15,000,000	1,630,000	1,330,000	468.8	100~120
鈴20. 3予	29,800,000	2,400,000	2,630,000	2,150,000	(19.11.7現在)

【本社】471-8571愛知県豊田市トヨタ町1
☎0565-28-2121
【東京本社】☎03-3817-7111
【名古屋オフィス】☎052-552-2111
【工場】本社、元町、上郷、高岡、三好、堤、他6
【従業員】<19.9>374,014名 … 名(39.4歳)[年]851万円
【証券】[上]東京、名古屋、NY, LON [幹](主)野村[副]日興、三菱Uモル、大和、みずほ [名]三菱U信 [監]Pw
[りそな] [銀行]三菱U、三井住友

30兆2256億8100万円÷37万4014人＝約8100万円

1人当たり売上高は、人員の効率性を測る指標！

できます。

　『四季報』2020年新春号でトヨタの1人当たり売上高を計算してみると、約8100万円でした。『四季報』2015年新春号では約7500万円でしたので、5年間で1人当たりの売上高が600万円程度増え、生産性が向上したことが読み取れます。自動車メーカー国内2位のホンダ（7267）で同様に計算すると、約7200万円で、トヨタより1割ほど少ないことがわかります。このように、気になった会社はどんどん計算してみてください。トヨタの経営効率を上回る中堅企業など、隠れた優良企業を見つけることができるかもしれません。

　『四季報』のバックナンバーと比べて、**従業員数の増減を調べる**のも有益な方法です。最近では、業績が良いにもかかわらずリストラを行い、人員を削減する企業が相次いでいます。デジタル技術の進展などで事業環境が変化するスピードが増す中、給料水準の比較的高い中高年社員の退職者を募集し、優秀な人材やデジタルに強い若手社員の待遇を上げる動きです。こうした先を見据えた戦略が、今後の業績にどのような影響をもたらすかに注目です。

平均年齢をチェック

● コンヴァノ (6574)

【本社】150-0031東京都渋谷区桜丘町22-14
N.E.S.ビルS棟　☎03-3770-1190
【事務所】大阪府吹田市【店舗】東京,神奈川,
埼玉,千葉,愛知,大阪,京都,兵庫,広島 計51
【従業】〈19.9〉329名【平均26.7歳】【年358万円
【証券】[上]東京〇幹(由)野村【引]みずほ,大和,日興,
いちよし,東海東京,SBI,マネックス 图三菱U
信 監トーマツ【銀行】みずほ,りそな,三井住
友信,横浜,千葉,広島,武蔵
【仕入先】―
【販売先】一般消費者

● 太平洋興発 (8835)

【本社】111-0041東京都台東区元浅草2-6-7
マタイビル　☎03-5830-1601
【支店】札幌☎011-251-1201,釧路☎0154-25-
1411,帯広☎0155-24-0660

【従業】〈14.3〉連859名【単256名【平均57.4歳】【年309万円
【証券】[上]東京 幹(由)野村働大和 图三井住友信
監新日本
【銀行】北洋,釧路信金,帯広信金
【仕入先】―
【販売先】釧路コールマイン

平均年齢が**20歳代**の会社
はかなり若い会社

成熟段階にある会社は、**新卒採用
が少なく**、平均年齢が高くなりがち

 伸び盛りの会社は新入社員を大量に採用して
いるため、平均年齢が若くなる傾向がある

平均年齢で会社の活力を知る

　平均年齢も大切なポイントです。【従業員】の従業員数の右には、その会社の単独ベースの従業員の平均年齢を記載しています。**平均年齢はその会社の活力、将来性を見る指標**として有用です。

　インターネット関連やスマートフォン関連など伸び盛りの会社では、新入社員を大量に採用しているため、平均年齢が若くなる傾向があります。一方、成熟段階にある会社や、成長が一服して踊り場にある会社では、新卒採用は少なく、平均年齢は高くなりがちです。

　ネイルサロンを運営するコンヴァノ (6574) の平均年齢は26.7歳と若者が多い会社です。主要顧客は若い女性で、ネイリストにも若い女性が多いためです。一方、大和自動車交通 (9082) のように、平均年齢が高い会社 (56.6歳) もあります。不規則な勤務形態などから若者の就職人気が低く、平均年齢が高まっているようです。

年収は同業で比較

●伊藤忠商事（8001）

【本社】 530-8448大阪市北区梅田3-1-3
☎06-7638-2121
【東京本社】 107-8077港区北青山2-5-1
☎03-3497-2121

【従業員】〈19.9〉約123,427名　₄4,310名（41.7歳）年1,520万円
【証券】東京 藤野村、日興、大和、みずほ、三菱Uモル　三井住友信　トーマツ
【銀行】 みずほ、三井住友、三菱U、三井住友イ
【仕入先】 ―
【販売先】 ―

●三菱商事（8058）

【本社】 100-8086東京都千代田区丸の内2-3
-1　　☎03-3210-2121
【支社】 北海道,東北,中部,関西,中国,九州

【従業員】〈19.3〉約79,994名　₄6,016名（42.5歳）年1,607万円
【証券】東京,名古屋 三菱Uモル、日興、大和　三菱U信　トーマツ
【銀行】 三菱U、みずほ
【仕入先】 ―
【販売先】 ―

平均年収1000万円を超える会社は、放送局や総合商社、M&A関連などに多い

同業他社と比べて、年収の水準に違和感がないかなどを確認しよう!

平均年齢が若いということは、成長余力があると見ることもできます。逆に、毎年多くの新卒を採用しているものの営業ノルマが厳しく、大量採用・大量退職が起きた結果という場合もあります。平均年齢の若い会社では、事業内容などを注意深く見たうえで、総合的に成長性を判断することが必要です。

年収は同業他社で比較

従業員数や平均年齢の次に年で表示しているのが、平均年収です。平均年収は、残業代やさまざまな手当て、賞与を含めた年収です。

平均年収1000万円を超える企業を見てみると、放送局や総合商社、M&A（合併・買収）関連など、高給のイメージがある会社が並びます。**従業員に報いつつ、着実に成長を続けている会社かを判断**することが必要です。単に多いか少ないかを見るのではなく、同業他社と比べ、違和感がないかなどを確認するのに使うとよいでしょう。

6 取引銀行で企業グループを知る

【銀行】で、取引銀行やメインバンク、企業グループを把握すれば、その会社の安全度がわかる

ここを見てね！

【資本異動】	【株式】【財務】	【株主】	【材料欄】	【業績欄】	コード [特色][連結事業] 社 名
【特集】	【CF】	【役員】【連結】			
【業績】四季報予想会社予想		【配当】	【本社】【証券】【銀行】		

メインバンクはどこか

　『四季報』では、【本社】の下に記載されている【銀行】に取引銀行を載せています。株式市場に上場している会社でも、必要資金のすべてを株式市場から調達しているわけではありません。多くの会社が銀行からの借り入れを活用しています。新しい仕入先や販売先の紹介に銀行が役立つこともあります。取引銀行がどこであるかは、株式投資をする上で重要な情報の1つといえるでしょう。

　取引銀行が複数ある場合、どの銀行が最初に記載されているかも重要なポイントです。最初に名前が出てくる銀行がメインバンクという可能性は少なくありません。

　特に**株式市場から株式を調達するのが難しい中小企業で、業績不振が続いているような会社は、メインバンクがどこであるかを必ず見るように**しましょう。メインバンクがはっきりしない会社は、経営不振のときに頼れる金融機関がないという事態に陥りかねないからです。

　取引銀行をチェックすると、その会社がどのような**企業グループに属しているか**を知ることもできます。取引銀行に三菱UFJ銀行、三

企業グループを把握しよう

【株主】⑭30,000株〈19.9〉 騰
日本マスター信託口 4,558(11.3)
日本トラスティ信託口
2,985(7.4)
明治安田生命保険 1,953(4.8)
日社(自己株口) 1,070(2.6)
三菱UFJ銀行 737(1.8)
常 陽 銀 行 680(1.6)
日本トラスティ信託口15
665(1.6)
日本トラスティ信託口7
572(1.4)
JPモルガン・チェース・バ
ンク38515J 550(1.3)
三菱UFJ信託銀行 548(1.3)
〈外国〉28.6% 〈浮動株〉4.8%
〈投信〉13.8% 〈特定株〉35.7%
【役員】会牛田一雄 剾馬立
稔和 岡崎昌志 小田島匠
萩原哲 根岸秋男・蛭田史
郎・剾本田隆晴 ⇨巻末
【連結】ニコンイメージン
グジャパン, Nikon(米国)

> 【銀行】【株主】を見れば、三菱グループであることがわかる。"三菱"が社名につかないグループ会社はほかにAGC、キリンHLD、東京海上HLD、日本郵船などがある

●ニコン（7731）

【本社】108-6290東京都港区港南2-15-3
品川インターシティC棟 ☎03-6433-3600
【工場】大井、横浜、相模原、熊谷、水戸、横須賀

【従業員】〈19.9〉単21,067名 平均4,465名(44.2歳)年830万円
【証券】上東京 幹引主三菱Uモル、日興 監三菱U信
監 トーマツ
【銀行】三菱U, りそな、みずほ、三菱U信、三井
【仕入先】 —
【販売先】 —

**同じグループの会社の株価は
同様の動きをすることがある**

菱UFJ信託銀行など三菱系の銀行が多く出てくる場合は、その会社は三菱グループと関係が深いと推測できます。AGC（5201）やニコン（7731）などは社名に「三菱」と入っていませんが、この方法で三菱グループであると確認できます。同様に、清掃用具レンタルや「ミスタードーナツ」を運営するダスキン（4665）は、【銀行】から三井住友銀行をメインバンクとしていること、その下の【仕入先】からは、同じく三井グループの日本製粉（2001）から原材料を仕入れていることがわかります。

特定の企業グループと関係が深いと、グループ向けに商品を安定的に販売できる、原料をグループから安定的に調達できるなどのメリットがあります。経営不安に陥った場合も、グループから支援を受けられる可能性が出てきます。このため、**ある会社の株価が上昇（または下落）した場合、同じグループの企業の株価も同様の値動きをすることも**あります。

幹事証券、監査法人も
チェックしておこう

株式公開の引き受け業務を担う幹事証券は、上場後も重要な役割がある。力のある証券会社かどうかを確認

ここを見てね!

【資本異動】	【株式】【財務】	【株主】				コード
		【役員】	【材料欄】	【業績欄】	【特色】【連結事業】	社名
【特集】	【CF】	【連結】				
【業績】四季報予想会社予想		【配当】	【本社】【証券】			

幹事証券や監査法人も重要な役割

『四季報』では【本社】の下欄にある【証券】に幹事証券を掲載しています。**幹事証券とは、会社が株式を公開するとき（IPO：Initial Public Offering）や、上場した後に新株や社債などを発行するときの引受業務を行う証券会社**です。（主）は幹事の中心となる主幹事証券、（副）は副幹事証券を示しています。

会社の新規上場に際しては、上場への準備作業、上場審査のアドバイス、株式公開価格の決定など、主幹事証券会社は最も大きい責任を担います。どのような証券会社が主幹事を務めているかは、株式投資をする上での重要な情報の1つです。

幹事証券は、上場後もさまざまな重要な役割が求められます。新株発行や社債発行など会社の根本にかかわる資本政策をどうしたらよいか。他企業から買収提案があったときの対応はどうすべきか。ストックオプションや従業員持ち株会はどのように導入・管理したらよいか。会社が抱えるこれらの課題に対し、幹事証券として適切な助言をしていかなければなりません。

幹事証券は、上場後もさまざまな重要な役割を担う

●Sansan（4443）

【本社】150-0001東京都渋谷区神宮前5-52-2 青山オーバルビル ☎03-6758-○○
【支店】東京,大阪,愛知,福岡
【サテライトオフィス】4
【従業員】〈19.5〉連549名 単547名(32.2歳)匾601㎡
【証券】田東京マ 嘗主野村嗣日興,大和,みずほ 名東証代 匾あり〇
【銀行】三井住友,みずほ,三菱U,りそな,三井住友信
【仕入先】－
【販売先】－

2019年の大型上場として注目されたSansanの主幹事証券は野村證券。**2019年のIPOで最も多く主幹事を務めたのは大和証券**だった。SMBC日興証券、野村證券がそれに続いた

力のある証券会社が
幹事になっているか確認しよう！

　それだけの力のある証券会社が幹事となっているかどうかは、株式投資をする上でも目を配りたいところです。

株式市場も厳しい目で見始めた監査法人

　『四季報』で、【証券】に匾として掲載している監査法人にも要注目です。

　株式を公開している会社は**公認会計士によって決算内容が適正であるかどうか、監査を受ける義務**があります。過去には粉飾決算に監査法人の会計士が関与したこともあり、監査法人に対する信頼は時に揺らぐことがあります。どの監査法人が監査しているのか、株式市場も厳しい目で見ています。

　決算について監査法人と会社との間で意見が食い違うケースも多く発生しています。頻繁に監査法人が変わるような会社には、注意した方がよいでしょう。決算短信や有価証券報告書に会計基準変更の注意書きがないか調べるのも一法です。

8 会社の「真の支配者」を知る

上位の株主を見れば、グループ企業なのか、子会社なのか、オーナー会社なのかがひと目でわかる

ここを見てね!

【資本異動】	【株式】【財務】	【株主】	【材料欄】	【業績欄】	コード【特色】【連結事業】社名
【特集】	【CF】	【役員】【連結】			
【業績】四季報予想会社予想		【配当】	【本社】【証券】		

上位株主を見れば誰の会社かわかる

『四季報』では、【株主】に中間期を含めた直近決算期時点の大株主上位10名と、その持株数、持株比率を掲載しています。【株主】の横に記載しているのが株主数、<　>の中の数値は年月で、いつ時点の株主であるかを示しています。

原則として年2回、本決算期末と第2四半期末の株主を掲載しています。第三者割当増資などで大幅な変更があった場合は、判明している範囲で最新の株主を掲載することもあります。

上位の株主を見れば、**誰がその会社を所有、すなわち支配しているのか**がわかります。どの企業グループに属しているのか、どの会社の子会社なのか、あるいはオーナー企業なのかなどを知ることができます。

カストディアンという証券管理業務に特化した信託銀行が、多くの会社で上位株主として名を連ねています。日本トラスティ・サービス信託銀行、日本マスタートラスト信託銀行、資産管理サービス信託銀行、外資系のステート・ストリート・バンク＆トラストなどです。

大株主を確認しよう

【株主】を見ると、日本製鉄が32.7%の株式を保有する筆頭株主だとわかる

●NSユナイテッド海運（9110）

【株主】（単5,200株（19.9）　　　　　旗	
日 本 製 鉄	786（32.7）
日 本 郵 船	432（18.0）
みずほ銀行	79（ 3.3）
日本トラスティ信託口	65（ 2.7）
東京海上日動火災	60（ 2.5）
三菱重工業	54（ 2.2）
新健海運股份有限公司	50（ 2.1）
損保JPN日本興亜	48（ 2.0）
日本マスター信託口	48（ 2.0）
自社（自己株口）	40（ 1.6）
〈外国〉10.4%　〈浮動株〉	8.1%
〈投信〉 4.0%　〈特定株〉	69.6%

上位の株主を見ると、誰がその会社を支配しているのかがわかる！

カストディアンは証券の保管や配当の受け取りなどの業務を委託されているにすぎず、本当の株主は別にいます。多くの場合、**真の株主は年金基金や投資信託などの機関投資家**です。機関投資家は株価の値上がりや配当をしっかり出すことを強く求めます。こうした**カストディアンが大株主に登場している会社は、株価上昇や配当に対するプレッシャーが強いと考えてよい**でしょう。

最近では、オーナー経営者への注目も高まっています。創業者やその資産管理会社が筆頭株主の場合、トップダウンで迅速に経営判断をすることが可能になり、急速に業績を拡大することがあります。SPA（製造小売業）世界大手で、「ユニクロ」を運営するファーストリテイリング（9983）では、創業者の柳井正会長兼社長が約20%の株式を保有し、筆頭株主になっています。オーナー企業の場合、こうした強みがある一方、独善的なワンマン経営に陥るリスクもはらんでいる点に注意しましょう。

9 社長の名前くらいは 知っておこう

誰が社長なのかは、会社の将来性を大きく左右する重要事項。社長交代があったら、社内昇格か、他社から引き抜きか確認しよう

ここを見てね！

【資本異動】	【株式】【財務】	【株主】	【材料欄】	【業績欄】	コード【特色】【連結事業】 社名
		【役員】			
【特集】	【CF】	【連結】			
【業績】四季報予想 会社予想		【配当】	【本社】【証券】		

社長交代は業績を大きく左右する

　社長が誰かは、その会社にとって非常に重要な情報です。『四季報』では【株主】の下欄の【役員】に会長以下の役員の名前を掲載しています。

　社長の名前を見ただけでは、経営手腕を判断することは難しいと思います。そこで、『四季報』を活用して、次のような読み方で株式投資に役立てるとよいでしょう。

　まず、**社長交代がいつあったか**を見ましょう。社長交代のような重要人事は、通常、就任の1カ月ほど前に発表されることが多いものです。『四季報』では、こうした発表をいち早く取り込みます。【役員】の下に（6.27予）と書かれているのは、6月27日の株主総会で承認されればこのような役員体制になるという意味です。こうした会社を見つけたら、ぜひ前号の『四季報』と見比べて、新体制はどこがどう変わったかをチェックしましょう。

　社長が交代した場合は、前職が何だったのかを確認することが大切です。副社長や専務からの昇格なのか、あるいは十数人抜きの抜擢なのか——背景を調べると、その会社が従来の路線を踏襲しようとして

70

トップ交代は会社の「一大事」

●ワタミ (7522)

渡邉美樹会長の資産管理会社であるアレーテーが25%の株式を保有する筆頭株主

ワタミの創業者である渡邉氏の会長復帰は大きな話題を集めた

企業は人事次第でよくも悪くもなる

いるのか、あるいは路線を大きく変えようとしているのかなど経営戦略が見えてくることがあります。

　突然の社長就任の場合は、他社からの引き抜きなどのケースも考えられます。こうした場合は、記事欄でも社長就任について触れています。有名企業を次々と渡り歩く「プロ経営者」も増えていますので、気になる会社はチェックしてみてください。

同族会社はこれでわかる

　社長が【株主】にも登場している場合、その人は創業社長かもしれません。複数の役員の名字が同じで、【役員】だけでなく、【株主】にも同じ名字が大株主として登場しているとしたら、いわゆる**同族経営の会社**だと考えられます。こうした会社は同族の固い絆で成長を実現しているともいえますが、コーポレートガバナンス（企業統治）がきちんと機能しているかチェックすることが必要です。

10 取引先や仕入先の把握も忘れずに

ある会社の株価が上がるとき、仕入先や販売先の株価もツレ高することがある。連想の幅を広げてお宝銘柄を見つけよう!

ここを見てね!

【資本異動】	【株式】【財務】	【株主】		【材料欄】	【業績欄】	コード [特色][連結事業] 社 名
		【役員】				
【特集】	【CF】	【連結】				
【業績】 四季報予想 会社予想		【配当】		【本社】 【仕入先】 【販売先】		

仕入先、販売先でリスクを確認

銀行など金融機関が、ある会社に融資を実行するかどうかの判断をする際、仕入先や販売先としてどのような会社が名を連ねているかは非常に重要な判断材料となります。

株式投資においても仕入先や販売先の会社の名前を知っておいて損はありません。『四季報』では、【仕入先】と【販売先】に主要な取引先を掲載しています。

販売先に優良企業の名前が並んでいたら、販売代金の回収もあまり心配する必要はなさそうです。その反対に、**仕入先や販売先に先行きが不安視される会社があった場合は要注意**です。販売先の倒産によって販売代金を回収できず、連鎖倒産という事態が起きないとも限らないからです。

仕入先も同様です。小売業の場合、商品仕入れを特定の会社に大きく依存していると、その会社が倒産した場合、商品を仕入れることができないというリスクが生じます。メーカーの場合は仕入れた原料や製品を加工して自社製品として販売するため、やはり特定の会社に仕

【仕入先】【販売先】を見逃すな

イビデンの**米インテル向け売上比率は2割前後**。インテル製CPU（中央演算装置）の売上げ動向の影響を間接的に受ける

●イビデン（4062）

【本社】503-8604岐阜県大垣市神田町2-1
☎0584-81-3111
【支店】東京☎03-3213-7322
【工場】大垣, 青柳, 河間, 衣浦, 大垣北, 大垣中央, 神戸
【従業員】〈19.9〉連12,912名 単3,576名(40.3歳)匣645㍋
【証券】上東京, 名古屋 醐野村㈱日興, 大和 圄三井住友信 監あずさ
【銀行】三井住友, 三菱U, 三井住友信
【仕入】三菱ケミカル
【販売先】**インテル**

**仕入先や販売先にも目配りすれば、
株式投資に不可欠な連想の幅が広がる！**

入れを依存していると製品を作って販売できなくなるというリスクが発生します。

ツレ高、ツレ安の要因にも

　株式市場では**連想買い**（または連想売り）がよく行われます。ある企業の株価が上昇（または下落）したときに、関連する企業の株式も連鎖的に買われる（または売られる）というものです。

　関連企業を知る手がかりとして、仕入先や販売先の企業名は重要です。たとえば、売上高が大きく増えそうだという理由で、あるメーカーの株価が大きく上昇した場合、そのメーカーが原料や材料を仕入れている会社も連鎖的に買われる可能性があります。

　仕入先の会社名が上場企業であれば、『四季報』で業績などを確認しておきましょう。その会社の仕入先や販売先もチェックするようにすると、株式投資に不可欠な「連想」の幅をグンと広げることができるでしょう。

▶ 業績予想の修正は 水曜日深夜に更新

紙の『四季報』が発売された後でも、
最新の業績見通しを随時修正している

業績予想の修正率の大きさが、ひと目でわかる

『四季報』発売後、東洋経済が新たに業績予想を見直したり、決算発表を受けて新しい来期の業績予想を追加したりした場合、**『四季報オンライン』の個別銘柄ページに新たな業績表が追加**されます。

印刷物である『四季報』は、発売されてから次号が発売されるまでの3カ月間、業績予想数字を変更することはできません。しかし『四季報オンライン』では業績予想が修正された場合、**記者が予想を改めて見直し、週1回・毎週水曜日の深夜（木曜日の午前0時半頃）にまとめて反映します**。通常の業績表の下に表示される「業績予想更新」欄は、最新の今期予想（経常利益または純利益）が『四季報』に掲載したものと異なる場合に表示されます。変更がない場合は「四季報発売後に業績予想の変更はありません」と表示されます。

予想がどの程度修正されたかは、「最新号比修正率」でわかります。具体的には、**（最新の東洋経済今期営業益予想）÷（紙版の四季報最新号に掲載されている今期営業益予想）を％で表示**しています。

数値の横にある矢印は修正率の大きさを示したもので、30％以上であれば上向きの矢印が2つ（↑↑）、5％以上30％未満、もしくは損益ゼロから黒字となれば矢印は1つ（↑）となります。マイナス5％以

紙版の四季報予想から修正されることもある

上30％未満の減額またはゼロから赤字の場合は下向き矢印が1つ、マイナス30％以下は下向き矢印が2つ表示されます。

　トップページの**予想更新銘柄**というリンクをクリックすると、**その週に今期業績予想数字が変更された銘柄をまとめて閲覧**できます。

第3章

儲かっている会社は、こんな会社

損益計算書のツボを しっかり押さえよう

損益計算書をベースにまとめている
【業績】数字をチェックすれば、よい
会社と悪い会社が見分けられる

ここを
見てね！

【資本異動】	【株式】	【株主】				コード
	【財務】					社
		【役員】	【材料欄】	【業績欄】	【特色】【連結事業】	名
【特集】	【CF】	【連結】				
【業績】四季報予想会社予想		【配当】	【本社】【証券】			

実績と四季報予想を【業績】で確認

『四季報』の特徴は、四季報記者が取材をもとに立てた独自の業績予想にあります。業績の過去実績と四季報予想は【業績】欄に掲載されています。

【業績】は、損益計算書（PL）の中核項目である売上高、営業利益、経常利益、純利益に、1株益（1株当たり純利益）と1株配（1株当たり配当金額）を加えた6つの項目から成り立っています。

上段から順に、本決算の実績と四季報予想、第2四半期累計（中間決算）の実績と四季報予想が並び、第1、3四半期決算が発表された後の号では、各四半期累計の実績も掲載されています。決算期を示す「20.3」などの数字の前には、決算方式の区別である「連」「◎」「◇」「単」「□」マークが付いています。決算期の後ろに「変」とあるのは12カ月以外の変則決算を表しています。決算期の後ろに「予」とついているのが、四季報予想です。

なお、決算方式については本章6節で説明します。ここでは特に断り書きのない限り、日本会計基準を採用している会社を念頭に解説し

四季報予想を見る

●富士ソフト（9749）

【業績】(百万円)	売上高	営業利益	経常利益	純利益	1株益(円)	1配(円)
連16.12	164,218	8,798	9,166	5,042	161.6	29
連17.12	180,773	9,707	10,260	5,797	185.3	33
連18.12	204,329	11,400	12,071	6,516	208.2	37
連19.12予	224,000	13,700	14,300	7,800	249.3	40~47
連20.12予	246,000	15,000	15,600	8,500	271.6	40~50予
連19.1~6	113,556	6,693	6,825	3,736	119.4	20
連20.1~6予	121,000	7,160	7,290	4,000	127.8	20~23
連18.1~9	152,783	8,660	9,315	4,597	146.9	
連19.1~9	174,153	10,667	10,922	6,095	194.8	
会19.12予	210,500	11,700	12,200	6,700	(19.2.14発表)	

本決算の実績

本決算の予想

第2四半期決算の実績と予想

第1、3四半期の実績

本決算の会社業績計画

決算期の後に「予」がついているのが四季報予想！

ています。

　会社が業績計画を発表している場合は、最下段に会社業績計画を掲載し、決算期の前に「会」をつけています。（19.2.14発表）などとあるのは、会社が直近の業績計画を発表した日付です。

　会社計画と四季報予想を比較することで、四季報記者がその会社の業績を強気にみているか、弱気にみているかがわかります。会社計画と四季報予想との乖離率が大きい場合には、欄外に独自予想マークも出ます。また、前号から四季報予想が大きく変更されている場合には、欄外に上向きか下向きかの前号比修正矢印が出ます（原則として営業利益予想が対象）。

　【業績】に掲載されている四季報予想の根拠を説明しているのが、記事の前半部分の業績欄です。予想数字と記事を併せてチェックすることで、その会社の業績動向がより詳しくわかります。会社計画とは異なる四季報独自の予想を立てている場合には、会社計画のどこが過

大なのか、あるいは慎重すぎるのかについても、なるべく詳しく言及するようにしています。

また、『四季報』では、今期と来期の２期分の予想を立てています。期末が近づいてくると、投資家の意識は来期業績に移ります。そのため、決算期と『四季報』の発売月によっては、記事前半の業績欄で来期の業績予想について触れることがあります。たとえば、３月決算会社の場合、３月に発売する『四季報』春号では業績欄の半分以上が来期の記述になり、見出しも来期を念頭に付けています。

売上高が利益の源泉

【業績】にある売上高、営業利益、経常利益、純利益、１株益、１株配の６つの項目の中で、基本となるのは売上高です。

会社が儲かっているかどうかを示すのは利益ですが、売上高なくして利益はありえません。売上高の減少が続くと、人件費などのコスト削減でなんとか利益を確保したとしても、いずれ限界が来てしまいます。売上高を伸ばすことこそが、成長の原動力なのです。

売上高という用語を使わない会社や業種もあります。たとえば、**自社の売上高以外の収入の比率が高い会社は「営業収入」**としています。フランチャイズ（FC）の加盟店舗からの収入が多いコンビニエンスストアなどが、その代表的な例です。証券、消費者金融、信販、商品先物などの業種では「営業収益」、銀行や生命保険会社、損害保険会社などでは「経常収益」を売上高に相当する項目として使用しています。

なお、生保の【業績】にある「保険料等」は契約者から払い込まれた保険料や再保険料で、生保の収益の大半を占めています。損保の「正味保険料」は損保が自社で引き受けた危険に対する保険料で、損保事業の最終的な売上高を示しています。いずれも業績をみるうえで重要な項目なので、経常収益とともに掲載しています。

損益計算書の仕組み

売上高 　売上数量×販売単価が基本

－ 売上原価

売上総利益 　製品や商品の販売そのものからの儲け

－ 販売費及び一般管理費

営業利益 　本業の儲けを示す重要な利益

＋ 営業外収益 ＝ 受取利息・配当金、持分法投資利益、為替差益等
－ 営業外費用 ＝ 支払利息、持分法投資損失、為替差損等

経常利益 　本業以外の損益を含め、グループ全体の利益を示す

＋ 特別利益 ＝ 土地・投資有価証券売却益など
－ 特別損失 ＝ 土地・投資有価証券売却損、減損損失、子会社関連損失等
－ 法人税等

純利益 　「当期利益」「最終利益」とも呼ぶ

純利益の変化にも注目！

利益にはいろいろな種類がある

　もちろん、売上高を懸命に伸ばしても、事業の採算が悪ければ儲からないばかりか、赤字に陥ってしまう危険性さえあります。**会社の業績を判断する際は、売上高の伸びと同時に、利益の動きをみる**必要があります。

　『四季報』の【業績】をみると、売上高の横に、3つの利益が並んでいます。次節から詳しくみていきますが、簡単にそれぞれの利益の持つ意味と関係を説明します。

　まず、売上高から売上原価を差し引いたものが売上総利益で、粗利益ともいわれます。製品や商品の販売そのもので、どれだけの儲けが

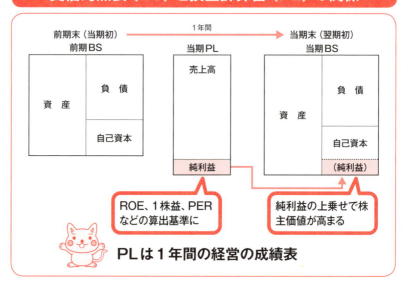

貸借対照表（BS）と損益計算書（PL）の関係

前期末（当期初）　　　1年間　　　→　当期末（翌期初）

前期BS

| 資　産 | 負　債 |
| | 自己資本 |

当期PL

売上高

純利益

当期BS

資　産	負　債
	自己資本
	（純利益）

ROE、1株益、PER
などの算出基準に

純利益の上乗せで株
主価値が高まる

PLは1年間の経営の成績表

あったかを示しています。売上総利益は【業績】には掲載していませんが、重要な項目の1つですので、業績欄の記事で、その動向について言及しているケースもあります。

　営業利益は、売上総利益から、販売費と一般管理費（あわせて販管費ともいいます）を引いたものです。**営業利益は本業での儲けを示すもので、『四季報』では最も重視**しています。業績欄の記事や見出しは原則、営業利益に焦点を当てて記述しています。多くの会社は事業部門（セグメント）ごとに売上高や営業利益を開示していますので、どの事業が会社の儲けの柱になっているのかがわかります。

　経常利益は、営業利益に営業外収支を加えたものです。営業外収支には受取利息や支払利息などの金融収支、為替差損益、持分法投資損益などが含まれます。このため、経常利益はグループ全体の儲けを表しているといえます。

経常利益に、臨時的な損益である特別損益を加えて、法人税や税効果相当額などを調整したものが**純利益**です。当期利益や最終利益とも呼ばれます。業績欄の見出しが「最高益」「最高益更新」となっている場合は、この純利益が過去最高になることを意味しています。これまでの最高純益は【指標等】に掲載されています。

損益計算書と貸借対照表をつなぐ純利益

　前述したように、『四季報』では営業利益を最重視していますが、純利益も注目すべき利益項目です。

　損益計算書（PL：Profit and Loss Statement）は期初から期末までの1年間の経営成績を表します。それに対して、もう1つの重要な財務諸表である貸借対照表（BS：Balance Sheet）は、期末時点の財産の状態を表します。純利益は、前期末の貸借対照表と当期末の貸借対照表をつなぐ役割を担っています（左図）。**当期の純利益は前期末の自己資本にプラスされ、株主価値を増加**させます。反対に、純利益が赤字に陥ると自己資本が減り、株主価値が毀損してしまいます。

　最近、会社の資本効率を表す指標としてROE（Return on Equity：自己資本利益率）への関心が高まっています。ROEは純利益を自己資本で割って算出します。ROEが低い会社は、株主から収益向上策や積極的な株主還元策が求められています。

　【業績】には、純利益を発行済み株式数で割った1株益も掲載されています。1株益は投資指標として重要なPER（Price Earnings Ratio：株価収益率）や、株主還元の目安となる配当性向の計算に用いられます。

　そのため、営業利益が増益なのに純利益が減益になるなど、営業利益と純利益で業績の方向が異なる場合には、業績欄で、特別損益の有無などその理由について言及している場合があります。

営業利益は会社の真の実力を示す

営業利益は、在庫や減価償却費、研究開発費の動向を見て、将来の利益見通しまでチェックしよう

ここを見てね！

	【資本異動】	【株式】【財務】	【株主】		【業績欄】	コード
				【材料欄】	【特色】【連結事業】	社 名
	【特集】	【CF】	【役員】【連結】			
	【業績】四季報予想会社予想		【配当】	【本社】【証券】		

営業利益は伸び率や売上高との比率に注目

　第1節で述べたように、『四季報』では営業利益を最も重視しています。それは、営業利益が本業の稼ぐ力、つまり会社の実力を端的に表しているからです。

　営業利益を見るうえで重要なポイントが2つあります。**1つは前期からの伸び率、もう1つは売上高に対する割合**です。

　前期からの営業利益の伸び率を営業増益率といいます。【業績】には前期実績も掲載されていますので、今期の予想営業利益が前期からどれくらい伸びるか、あるいは減少するかを見てみましょう。営業増益率が高い会社ほど、本業での儲けが拡大していることになります。

　もっとも、これまで何期間にもわたって営業減益が続いた会社で、今期に少しだけ営業利益が上向くような会社の場合、たとえ増益率は高くても、営業利益の水準自体がまだまだ低いことがあります。足元だけでなく過去にさかのぼって、営業利益の伸びや水準を確認してみることも大切です。

　営業利益を売上高で割った数値を売上高営業利益率、あるいは単に

【業績】の中で最も重視すべき数字が営業利益

●キーエンス（6861）

【業績】(百万円)	売上高	営業利益	経常利益	純利益	1株(円)	1株(円)
連15. 6*変	88,050	45,841				12.5
連16. 3*変	291,232	155,468				37.5
連16. 6*変	96,352	49,160				12.5
連17. 3*変	316,347	169,750				37.5
連18. 3*	526,847	292,890				50
連19. 3*	587,095	311,868	31			100
連20. 3*予	570,000	290,000	290,000			*150
連21. 3予	600,000	325,000	325,000	230,000	948.3	200~300
連19.3~9*	276,979				406.5	50
連20.3~9予	280,000				432.9	100~150

営業利益を売上高で割って求める**売上高営業利益率**は競争力の高さを表す

キーエンスの売上高営業利益率は、製造業では群を抜く**50%**に達する

営業利益は、本業の稼ぐ力を表す

営業利益率といいます。営業利益率が高い会社は、製品やサービスの競争力が高く、本業の収益性が高いということになります。上図にあるキーエンス（6861）はFA（ファクトリーオートメーション）用センサーなどを手がけていますが、その営業利益率は約50％と、製造業では群を抜く高さです。

　営業利益率がどれくらいか、その数値が過去に比べて改善しているのか、あるいは悪化しているのかを計算してみると、その会社の競争力や収益力の現状がわかります。ただ、業種によって平均的な営業利益率は異なりますので、同業他社と比較しながら分析してみるとよいでしょう。

営業利益に影響する要因はさまざま

　営業利益は、売上高から売上原価と販売費・一般管理費を差し引い

て計算します。売上高から売上原価を引いたものが**売上総利益**、売上総利益から販売費・一般管理費を引いたものが**営業利益**となります。

売上高は単純化していえば、**製品・サービスの単価×販売数量**で求められます。単価、数量とも伸びているのか、あるいは単価の落ち込みを数量増でカバーしているのか、などによって利益の出方が異なります。記事の業績欄では、必要に応じて単価や数量それぞれの動きについてコメントしています。

売上高から差し引く**売上原価**には、製品を作るための原材料費、労務費、外注費、減価償却費などが含まれます。卸売業や小売業であれば、販売に回った分の仕入れが原価となります。

工場の建物や機械などへの設備投資は、減価償却費という形で、その耐用年数に従って毎期、費用計上されます。大型の設備投資を行い、減価償却費が膨らむ一方で、それに見合うだけの十分な売り上げがまだない段階では、利益が悪化しやすくなります。

貸借対照表（BS）も確認を

売上総利益を見るうえでは、在庫にも注意してください。売上原価に回るのは、その期に売り上げた製品やサービス、商品に対応する分だけです。製造した製品や仕入れた商品を在庫として積み上げると、その分だけ売上原価が減り、売上総利益が膨らんでみえます。貸借対照表で、在庫が過去に比べて異常に膨らんでいないか確認するとよいでしょう。

売上総利益から差し引く販売費には、広告宣伝費や販売促進費、営業店舗の運営コスト、製品や商品の輸送費などが含まれます。広告宣伝費や販促費を削ると一時的に営業利益は押し上げられますが、中長期的な売り上げの伸び悩みにつながる恐れもあります。

一般管理費は主に管理部門の人件費などです。本社の建物などの減

売上高から差し引く費用は多種多様

売上高
−
原価
＝
売上総利益
−
一般管理費

販売費
＝
営業利益

原材料費、労務費、光熱費、外注費、減価償却費、商品など

間接部門の人件費、家賃、光熱費、減価償却費や、研究開発費、租税公課など

営業所の家賃、販売員の人件費、販売手数料、広告宣伝費、発送・運送費など

人件費や減価償却費が利益を圧迫。減価償却費の実績と予定は【指標等】に掲載

●サカタのタネ（1377）

【軟調】海外は花種子や切り花等育成品
伸長で数量底堅い。ただ国内は好採算品へ
のシフト進むも、天候不順で卸・小売りと
も回復緩慢。造園子会社の利益貢献限定的。
海外中心の人件費や減価償却費の増加こな
せず営業益反落。不動産売却特益消える。

どの費用項目がいちばん、
営業利益に影響を与えているかをチェック

価償却費や、新製品の研究開発費も一般管理費として計上されます
（研究開発費は製造原価として計上されることもあります）。

製造原価や販管費に影響する減価償却費、研究開発費の実績と予定
額については【指標等】に掲載されています。また、将来の減価償却
費の増減に関係する設備投資の実績と予定額についても、同じく【指
標等】に記載していますので、こちらも参考にしてください。ただ、
予定額については会社からの回答に基づきますので、無回答の場合は
「‥」となっています。

3 経常利益でグループ全体の実力を知る

連結経常利益を見れば、関連会社など企業グループ全体の損益状況を把握できる

ここを見てね！

【資本異動】	【株式】【財務】	【株主】		コード	
			【材料欄】	【業績欄】	社 名
		【役員】		[特色] [連結事業]	
【特集】	【CF】	【連結】			
【業績】 四季報予想 会社予想		【配当】	【本社】 【証券】		

経常利益は本業＋本業以外の儲け

　経常利益は、営業利益に営業外収支を加えて算出します。営業外収支は、営業外収益と営業外費用の差です。

　営業外収益には預貯金などから得られる受取利息や受取配当金、為替差益（為替の変動によって発生する差益）などが含まれます。営業外費用には借入金の支払利息や為替差損などが入ります。いずれも、本業以外にかかわる収益や費用です。

　たとえば会社が自社ビルを保有し、本業ではないものの、空きスペースを賃貸するような場合、受取賃貸料は営業外収益に計上されます。

　つまり**経常利益は、営業利益が示す本業の儲けに、財務活動などその他の事業活動から得られる儲けを加えて、その会社が経常的に稼ぐ利益を表している**のです。

関連会社の損益も反映される

　経常利益には、**持分法適用の関連会社の損益も反映**されます。

　企業グループには子会社と関連会社の２種類があります。**子会社**

グループの総合力をチェック

●京成電鉄 (9009)

【業績】(百万円)	売上高	営業利益	経常利益	純利益	1株益(円)	1株配(円)
連15. 3*	249,016	24,313	37,169			
連16. 3*	251,204	28,234	42,572			
連17. 3*	245,837	30,048	47,064			
連18. 3	255,028	30,085	47,145			
連19. 3	261,553	31,608	50,720			
連20. 3予	285,400	32,300	48,900	37,700	222.7	17~18
連21. 3予	308,500	34,500	50,600	28,500	227.4	17~19
連19.4~9	138,000					8.5
連20.4~9予	165,000					8.5~9.5
会20. 3予	285,400					(0.31減)

> 関連会社の業績は持分法投資損益として営業外に反映される

> 京成電鉄はディズニーリゾートを運営するオリエンタルランドを持分法適用会社にしている

経常利益を見れば、グループ全体の損益状況がわかる！

は、親会社が議決権のある株式の50%超を保有している会社、もしくは50%以下であっても役員を派遣するなどして**実質的に支配**している会社です。連結決算では、子会社は原則としてすべて連結され、売上高や営業利益から決算に反映されます。

　持分法適用の関連会社は議決権のある株式の20%以上を保有している会社、もしくは20%未満であっても**実質的に影響力を及ぼしている**会社です。関連会社については、「持分法による投資損益」として、関連会社の当期純利益のうち出資比率分だけ営業外に計上します。

　たとえば、京成電鉄（9009）はディズニーリゾートを運営するオリエンタルランド（4661）を持分法適用会社にしています。京成電鉄の経常利益が営業利益に比べて大きく膨らんでいるのはそのためです。

　このように、経常利益を見ることで、グループ損益状況を把握することができます。

4 株主価値の増加に 直結する純利益

毎期の純利益が積み重なって貸借対照表の自己資本を増やす。会社の基礎体力を強化し、投資や株主還元の原資になる

ここを見てね！

【資本異動】	【株式】	【株主】		【材料欄】	【業績欄】	コード
	【財務】				【特色】	社
		【役員】			【連結事業】	名
【特集】	【CF】	【連結】				
【業績】 四季報予想 会社予想		【配当】		【本社】 【証券】		

収益を生み出さない資産を減損

　純利益は、その決算期に会社の手元に残った利益です。**当期利益、最終利益とも**いいます。本章1節で述べたように、純利益は貸借対照表（BS）と損益計算書（PL）をつなぐ仲介役であり、自己資本（＝株主価値）を増減させるので、会社を分析するためには重要な利益項目です。

　経常利益に特別損益（特別利益と特別損失）を加減したものが税金等調整前当期純利益（税引前当期純利益ともいう）です。これに税負担などの影響を加味して算出したのが当期純利益となります。連結決算の場合、この当期純利益から、連結子会社の少数株主に帰属する利益分を控除して「親会社株主に帰属する当期純利益」を算出します。『四季報』で純利益というのは、この当期純利益のことです。

　特別損益とは、遊休地などを売却して得られる土地売却益や工場設備の廃棄損など、あくまで臨時（＝特別）に発生した損益です。そして、ここには減損損失も含まれます。

　会社が貸借対照表に計上する資産は、将来の収益に役立つから存在していると考え、資産が将来生み出す収益を反映して資産価値を算出

減損は特別損失に計上され、利益を減少させる

●ローソン（2651）

ローソンの2020年2月期は営業利益は増加、経常利益もほぼ横ばいだが純利益は大幅減に。減損の影響だ

【業績】(百万円)	営業収入	営業利益	経常利益	純利益	1株益(円)	1株配(円)	【配当】	配当金(円)
連17. 2	631,288	73,772	73,014	36,400	364.0	250	18. 2	127.5
連18. 2	657,324	65,820	65,141	26,828	268.2	255	18. 8	127.5
連19. 2	700,647	60,781	57,700	25,585	255.7	255	19. 2	127.5
連20. 2予	733,300	63,800	57,500	19,000	189.9	150	19. 8	75
連21. 2予	742,000	65,200	59,000	26,000	259.8	150	20. 2予	75
連19.3~8	369,131	36,763	35,147	20,107	201.0	75	20. 8予	75
連20.3~8予	373,000	37,500	36,000	20,600	205.9	75	21. 2予	75
連18.3~11	527,637	47,807	46,641	25,319	253.1		予想配当利回り	2.34%
連19.3~11	550,901	52,122	48,663	25,953	259.4		1株純資産(円)〈連19.11〉	
連20. 2予	727,000	60,800	54,500	18,000	(19.4.11頃)		2,770	(2,764)

突然の減損がニュースになることも多い

【反発】店舗数横ばい（前期は純増66）。既存店は買い上げ点数増も客数軟調。ただ成城石井や映画館が想定以上。営業益やや増額。店舗減損増。減配。21年2月期は、コンビニ店舗数が純増復帰、営業増益。

します。

　もし何らかの要因で、将来にキャッシュフローを生み出す力が減退してしまったら、通常の減価償却とは別に、その**価値の下落相当分を損失として認識すると同時に、貸借対照表上の資産価格を減額しなければならないと考えるのが減損処理**です。

　企業買収に伴って発生する、のれんも同様です。のれんは、土地や建物などの資産価格に基づかない、会社のブランドなどが生み出す超過収益力を指します。のれんは買収後20年以内で定期償却しますが、買収会社の業績が悪化するなどで、超過収益力が減少したと判断されるときには、**のれんも減損処理**をしなければなりません。

　上図にあるローソン（2651）では、店舗に関する減損損失が見込まれることから、純利益が大幅な減益予想になっています。

純利益に影響する税効果会計

　税引前当期純利益から、国や地方自治体に支払う法人税等を引いたものが純利益となります。実効税率は30%程度ですが、特殊な要因が関係してくることがあります。その代表例が税効果会計です。

　税効果会計は、財務会計上の利益計算と税務会計上の所得計算のズレを調整するための処理です。たとえば、右図のように経常利益200の会社が、特別損失で税務会計上は損金算入できない貸倒引当金繰入100（不良債権の償却）を行ったとします。すると税引前利益は100ですが、税務会計上は貸倒引当金繰入100を損金算入できないため、経常利益200がそのまま課税対象になり、法人税等は200×30%＝60で計算されます。税効果会計が適用されなければ純利益は、税引前当期純利益100－法人税等60＝40となってしまいます。

　ただ、不良債権が後になって完全に回収不能になると、税務会計上も損金と認められます。すると、法人税等は貸倒引当金繰入100×30%＝30が減ることになります。税効果会計は、この期間的なズレを調整するため、最初の段階で支払うべき法人税60はいったん計上しますが、このうち不良債権償却の先払いに当たる税額分30は、法人税等調整額として利益計上すると同時に、貸借対照表には繰延税金資産として計上する処理を行うのです。これが**Ⓐのケース**です。

　ただ、この税効果会計による繰延税金資産（法人税等調整額）が計上できない場合もあります。それが**Ⓑのケース**です。繰延税金資産は、将来の税額減少効果が認められるときのみに計上できます。将来も赤字を見込み、そもそも税額が発生しないと予想されるときなどは繰延税金資産の資産性が認められず、法人税等調整額は計上できません。繰延税金資産の資産性を会社がどう見ているかは、決算短信で確認できます。図にある「評価性引当額」は、繰延税金資産のうち税金の回

税効果会計が純利益に与える影響

税効果会計は、財務会計上の利益計算と税務会計上の所得計算のズレを調整するための処理

（損益計算書）	Ⓐ繰延税金 資産計上	Ⓑ繰延税金 資産非計上
経常利益	200	200
特別利益	0	0
特別損失	100	100
税引前利益	100	100
法人税等	60	60
法人税等調整額	▲30	0
純利益	70	40

（注）法人税等の実効税率は30％と仮定

（繰延税金資産が発生した 原因別の内訳）		
繰延税金資産		
貸倒引当金繰入限度超過額	30	30
繰延税金資産合計	30	30
評価性引当額	0	▲30
繰延税金資産の純額	30	0

収可能性がないと会社が判断した金額です。

　巨額の赤字を計上するなどして、税務上の繰越欠損金を計上した場合は、翌期以降に税務上の所得が発生すれば、一定期間その所得から控除され、税負担を減少させます。その税額減少効果分は繰延税金資産に計上できます。ただし、将来どれだけ利益が上がり、税金を回収できるかの判断によって、その金額が決まります。

　会社の業績が悪化し、将来に利益を上げる見通しが立たなくなってくると、**これまで計上してきた繰延税金資産を取り崩さなければならない事態に陥る**ことがあります。その場合には、法人税等調整額で損失計上することになり、**純利益を大きく押し下げる**要因になります。反対に、業績好転を受けて繰延税金資産の積み増しが可能となり、純利益が膨らむ場合もあります。

▶グロース（成長）株を 探してみよう

編集部おすすめのスクリーニングを応用して、
自分好みの銘柄を探そう

スクリーニングで簡単に検索が可能

　グロース（成長）株投資とは、業績が急速に伸びている会社に投資する手法です。グロース株は、PER（株価収益率）などが高めで一見割高に見えても、業績がそれ以上に伸びていて投資家の売買も活発、という特徴があります。実際、成長中の企業は人気があり、割高でも株価は上がり続けることがあります。

　こうした銘柄を探したいのであれば、『四季報オンライン』のスクリーニングを活用してみましょう。スクリーニングでは自分で選んだ条件を組み合わせて、各条件の数値も自由に設定することができます。ただ、その手間を省きたいのであれば、**編集部があらかじめ用意した条件で銘柄を絞り込む**ことも可能です。

「編集部おすすめ」をフル活用

　編集部が用意したスクリーニング条件は、**編集部おすすめ**から探すことができます。**編集部おすすめ**にカーソルを当てると、**よく使われる条件、おすすめ条件**の2つの項目が出現します。ここで**よく使われる条件**を選ぶと、**好業績の銘柄**という項目が新たに出現します。

　そこにカーソルを当てると、今度は**今期に最高益を更新、営業増益**

好業績で勢いのある銘柄を探そう

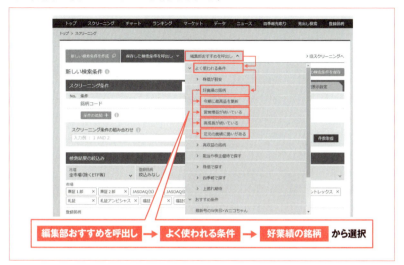

編集部おすすめを呼出し → **よく使われる条件** → **好業績の銘柄** から選択

が続いている、高成長が続いている、足元の業績に勢いがあるの4つ
の項目が出てきます。これら4項目には、それぞれ編集部が設定した
条件があります。たとえば**営業増益が続いている**を選んだとしましょ
う。すると**前期、今期、来期と3期連続で営業増益見通しという条件**
をクリアした銘柄が表示されます。

　高成長が続いているの条件はどうなっているでしょうか。ここで
は、**前期、今期、来期の営業増益率が3期連続で10%以上**と、前述
の「営業増益が続いている」よりさらに厳しい条件をクリアしている
銘柄が絞り込まれて表示されます。

　また、東洋経済では、時価総額およそ1000億円以下の**中小型銘柄
の中から、今後の業績や株価に期待できそうな企業を「東洋経済グ
ロース500」として選定**し、こうしたメディアで報道されることが少
ない**中小型銘柄の記事を『四季報オンライン』で配信**しています。業
界記者による分析記事や社長インタビューなどをご覧ください。

5 『四季報』では配当も独自に予想している

近年は年間業績に応じて増配する会社が増えている。『四季報』の配当予想を見れば、株主に対する還元姿勢がわかる

ここを見てね！

【資本異動】	【株式】【財務】	【株主】			コード
		【役員】	【材料欄】	【業績欄】	【特色】【連結事業】 社 名
【特集】	【CF】	【連結】			
【業績】 四季報予想 会社予想		【配当】	【本社】 【証券】		

中長期保有の投資家が重視する配当

　『四季報』では取材をベースに、記者が独自に業績予想を行っていますが、配当予想も同様です。会社が前期と同額の配当計画を発表している場合でも、**業績動向や配当政策などを勘案し、増配や減配の可能性があると記者が判断すれば、独自に配当を予想**し掲載します。

　配当の実績と予想については【業績】の「1株配」と、【配当】の2カ所に記載があります。

　「1株配」では、通期の過去実績と今期・来期の予想（年額）、および第2四半期の過去実績と今期予想（第2四半期までの累計額）を掲載しています。「1株益」と同様、株式分割や株式併合があった場合は、配当の増減を時系列で比較できるように、その影響を調整した数字を記載しています。調整したときは当該決算期の右に＊をつけます。

　たとえば、前期10円配を行って、今期初に1株を2株へ株式分割した場合、今期は5円配を実施すれば、前期に1株持っていた株主が同じ金額（5円×2株＝10円）を受け取れます。この場合、今期予想を5円配とすると同時に、株式分割を遡及修正して前期の10円を5円

配当は【資本異動】にも注意

【業績】と【配当】では掲載基準が異なる

●富士通 (6702)

年月	【資本異動】	残株
07. 8	交換	207,001
09. 8	交換	207,001
10. 4	交換	207,001
18. 2	交換	207,001
18.10	併10→1	20,700

併10→1とは10株を1株に併合したという意味

【業績】(百万円)	売上高	営業利益	税前利益	純利益	1益(円)	1配(円)	【配当】	配当金
◇15. 3*	4,753,210	178,628	198,864	140,024	676.8	80	18. 3	6
◇16. 3*	4,739,294	120,612	131,822	86,763	419.4	80	18. 9	7
◇17. 3*	4,509,694	128,861	135,147	88,489	428.3	90	19. 3	80
◇18. 3*	4,098,379	182,489	242,488	169,340	825.3	110	19. 9	80
◇19. 3*	3,952,437	130,227	161,785	104,562	512.5	150	20. 3予	80
◇20. 3予	3,800,000	160,000	190,000	125,000	616.7	160	20. 9予	80
◇21. 3予	3,900,000	200,000	230,000	151,000	745.0	160~170	21. 3予	80~90
◇19.4~9	1,828,763	71,060	80,805	63,659	314.1	80	予配当利回り	1.45%
◇20.4~9予	1,880,000	85,000	95,000	75,000	37.1	80	1株純資産(円)<(19. 9)	
◇20. 3予	3,800,000	160,000	‥	125,000	(19.10.29現)		5,773	(,585)

【業績】の1株配は、株式分割や株式併合を調整した金額なので、実質的な変化がわかる。第2四半期及び通期の合計金額で表示。*は調整した決算期

【配当】では実際に受け取ることができる金額を表示。四半期配当にも対応

と掲載するのです。図にある富士通 (6702) は株式併合があった場合のケースです。

　それに対して【配当】は、株式分割などによる調整を行わず、基準年月時点で1株に対して実際に受け取ることができた、もしくは、できると予想する配当金の実額を掲載しています。先ほどの例であれば、前期10円、今期5円のまま掲載するわけです。四半期配当を実施している会社では、四半期ごとに配当を記載しています。

　最近では、資本効率の向上などを理由に、積極的な株主還元方針に転換し、大幅な増配に踏み切る会社も増えています。**会社の配当政策に大きな変更があった場合、記事の後半部分にあたる材料欄で説明**することがあります。

6 IFRSについても知っておこう

IFRS（国際財務報告基準）は海外展開やM&A（合併・買収）に積極的な企業を中心に採用が進む

ここを見てね！

						コード	
【資本異動】	【株式】【財務】	【株主】		【材料欄】	【業績欄】	【特色】【連結事業】	社名
		【役員】					
【特集】	【CF】	【連結】					
【業績】四季報予想 会社予想		【配当】		【本社】【証券】			

会計基準の違いに注意

　上場している会社は、会計基準と呼ばれるルールに基づいて財務諸表を作成します。現在、上場企業で用いられている会計基準には、**日本会計基準、米国会計基準（SEC基準）、国際財務報告基準（IFRS）の3種類**があります。

　『四季報』の【業績】をみると、その会社がどの会計基準を適用しているかがわかります。「20.3」などと表記されている決算期の左にあるマークがそれです。**「連」「単」は日本基準、「◎」はSEC基準、「◇」「□」はIFRS**であることを示しています。右図のHOYA（7741）は、IFRS（連結）を適用していることがわかります。

　SEC基準は、ニューヨーク証券取引所やナスダックなど米国市場に上場する会社が米国証券取引法を根拠に、原則的に適用を求められる会計基準です。かつては世界標準に近い基準と見なされ、また米国に上場する日本企業も多かったことから、適用会社は増加傾向にあり、日本の会計基準にも大きな影響を与えてきました。ただ、現在ではIFRSに移行する上場会社が増えています。

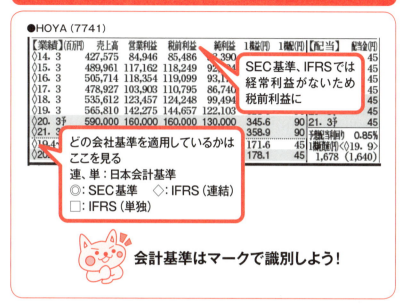

会計基準は3種類ある

●HOYA (7741)

【業績】(百万円)	売上高	営業利益	税前利益	純利益	1株益(円)	1株配(円)	【配当】	配当金(円)
◇14. 3	427,575	84,946	85,486	390				45
◇15. 3	489,961	117,162	118,249	92,				45
◇16. 3	505,714	118,354	119,099	93,1				45
◇17. 3	478,927	103,903	110,795	86,740				45
◇18. 3	535,612	123,457	124,248	99,494				45
◇19. 3	565,810	142,275	144,657	122,103				45
◇20. 3予	590,000	160,000	160,000	130,000	345.6	90	21. 3予	45
◇21. 3					358.9	90	予想配当利回り 0.85%	
◇19.4					171.6	45	1株純資産(円)<◇19. 9>	
◇20.					178.1	45	1,678 (1,640)	

SEC基準、IFRSでは経常利益がないため税前利益に

どの会社基準を適用しているかはここを見る
連、単：日本会計基準
◎：SEC基準　　◇：IFRS（連結）
□：IFRS（単独）

会計基準はマークで識別しよう！

　SEC基準には、日本基準と違って経常利益の概念がありません。そのため『四季報』では税引前当期純利益を記載しています。また、日本基準の特別損益に相当する項目は原則として営業利益段階で反映されます。企業を買収する際などに発生するのれんについては、定期償却する日本基準に対し、SEC基準では定期償却は原則認められていません。資産計上した後に、収益力の低下に伴う減損処理のみが認められています。

適用会社が増えているIFRS

　近年、世界的に存在感を増しているのがIFRSです。経済のグローバル化に伴い、世界的な統一会計基準が求められていることから、欧州発で国際会計基準審議会（IASB）により作成されたものです。

日本会計基準からIFRSへの組み替え例（損益計算書）

日本会計基準	IFRS
売上高	売上収益
売上原価	売上原価
販売費および一般管理費	販売費及び一般管理費
	その他収益
	その他費用
営業利益	営業利益
受取利息・受取配当金	＊日本基準の営業利益とは構成内容が異なる
その他営業外収益	
支払い利息	金融収益
その他営業外費用	金融費用
持分法投資損益	持分法投資損益
経常利益	
特別利益	
特別損失	
税金等調整前当期純利益	税引前利益
法人税等合計	法人所得税費用
当期純利益	当期利益
非支配株主に帰属する当期純利益	親会社の所有者
親会社株主に帰属する当期純利益	被支配持分

売上の純額表示や、のれんの非償却、損益計算書の組み替えなど日本基準との違いに注意

日本でIFRSの任意適用が始まったのは2010年で、第1号は**日本電波工業（6779）**でした。日本取引所グループによれば、2020年4月現在、IFRSを適用している会社は208社、適用を決定した会社は16社で、合計224社に上ります。社数だけを見るとまだ少ないようにも思いますが、適用会社には時価総額の大きな企業が多く、株式投資をする上では重要になってきています。

IFRSの特徴はプリンシプル・ベース（原則主義）です。日本基準が、詳細に規定を設けるルール・ベース（細則主義）であるのに対して、IFRSは原理原則を明確にし、例外を認めない原則主義で会計基準が

IFRSではのれんを定期償却しない

のれんを定期償却しない代わり、**減損テスト**を行い、必要があれば減損処理する

●コカ・コーラ　ボトラーズジャパンHLD（2579）

【業績】(百万円)	売上高	営業利益	税前利益	純利益	1株益(円)	1株配(円)		【配当】	配当金(円)
連16.12	460,455	21,143	20,602	5,245	48.1	46		17.12	22
連17.12	872,623	40,579	39,859	25,244	144.3	44		18. 6	25
連18.12	927,307	14,682	14,767	10,117	52.7	50		18.12	25
◇19.12予	923,300	▲53,100	▲54,000	▲56,700	▲316.1	50		19. 6	25
◇20.12予	940,000	25,000	24,000	14,500	80.8	50		19.12予	25
◇19.1～6	433,710	▲65,457	▲65,513	▲64,565	▲358.1	25		20. 6予	25
◇20.1～6予	440,000	15,000	14,000	8,000	44.6	25		20.12予	25
連18.1～9	741,254	32,016	31,196	13,936	71.8			予想配当利回り	1.76%
◇19.1～9	694,763	▲51,880	▲51,848	▲55,693	▲309.4			1株純資産(円)◇(19. 9)	
予19.12予	923,300	▲53,100	‥	▲56,700		(19.8.7発表)		2,805 (3,164)	

IFRSでは
巨額ののれん減損が発生する
ケースがあるので注意！

【黒字復活】飲料は前期工場被災影響で費重く、配架数減。青汁も利用数減でで流一。のれん減損618億円で赤字転落。最盛期夏まで苦物残るが、自販機投資で20反発。

戦12月期も被災影響。広島新工場稼働で尻上がり、営業黒字に急反発。

年増に一方、減損減り、営業黒字に。

作られています。

　適用会社は、IFRSの原則に従い、会計処理の妥当性を自ら判断し、その理由やプロセスを公表する必要があります。

　IFRSの損益計算書では、営業損益の表示が義務ではありません。そのため**同じIFRS適用会社であっても、営業利益の意味する内容が違うことが**あります。また、経常利益や特別損益といった概念もありません。そのため『四季報』の【業績】には、経常利益の代わりに税引前当期純利益を掲載しています。左図は、日本基準からIFRSへの組み替えの一例です。

　SEC基準と同じく、IFRSではのれんの定期償却は認められておらず、必要に応じて減損処理を行うことになります。上図の**コカ・コーラ　ボトラーズジャパンホールディングス（2579）**は、のれん減損のために大幅な赤字に陥る予想となっています。

7 IFRSの決算書を読むコツはこれだ

IFRSは原則主義で、企業は原則を守れば自らの判断で開示内容を変更できる。企業の比較にはコツが必要に

ここを見てね！

【資本異動】	【株式】【財務】	【株主】					コード
				【材料欄】	【業績欄】	【特色】【連結事業】	社 名
		【役員】					
【特集】	【CF】	【連結】					
【業績】四季報予想会社予想		【配当】	【本社】【証券】				

海外投資家にアピール

IFRS（国際財務報告基準）適用のメリットは何でしょうか。海外で積極的に事業展開を行っている会社では、**国際的な会計基準を適用し、海外投資家の評価を高める**ことができれば、投資資金を引きつけることによる株価上昇を期待できます。国際的な資金調達もスムーズになります。

海外子会社を含めグループで会計基準を統一して経営管理を効率化しやすくするメリットもあります。**のれんを定期償却しなくて済むことから、M&A（合併・買収）も積極的に展開しやすく**なります。

損益計算書（PL）の構成がまちまち

IFRS適用会社の業績を見るうえでは、注意すべき点がいくつかあります。IFRSでは営業利益の表示が義務ではなく、その明確な定義がありません。そのため、同じ営業利益といっても、内容が会社によって異なることがあります。さらに、営業利益とは違う利益項目を独自に立てている会社もあります。

同じIFRSでも損益計算書の構成が異なる

●AGC (5201)

売上高
売上原価
売上総利益
販売費及び一般管理費
持分法による投資損益
営業利益
その他収益
その他費用
事業利益
金融収益
金融費用
税引前利益

●NEC (6701)

売上収益
売上原価
売上総利益
販売管理費および一般管理費
その他の損益
営業利益
金融収益
金融費用
持分法による投資損益
＊NECには事業利益という項目はない
税引前利益

(注) AGCは2019年12月期、NECは2019年3月期の決算短信より作成

売上の純額表示や、のれんの非償却、損益計算書の組み替えなど日本基準との違いに注意

上図のAGC（5201）では、売上高から売上原価、販売費及び一般管理費（販管費）を引き、持分法投資損益を加味した利益を営業利益としています。そして、その他の収益・費用を加減した利益を事業利益として表示しています。一方、NEC（6701）は売上収益から売上原価と販管費を引き、その他の損益を加減した利益を営業利益とし、持分法投資損益については、営業利益の後で反映させています。次ページ図にある住友商事（8053）のように、損益計算書にそもそも営業利益という項目を立てていない会社もあります。

そのため、日本基準の会社だけでなく、同じIFRSを適用する会社と比較する際にも、損益計算書を見比べて、どの利益項目にどのような収益や費用が含まれているかを検討する必要があります。

『四季報』の【業績】では、なるべく他社との比較が可能なように、税引前利益から利息・配当金などの金融損益を足し戻した利益を算出

営業利益という項目がない会社も

●住友商事（8053）

> 収益
>> 原価
> 売上総利益
>> その他の収益・費用
>>> 販売費及び一般管理費　など
>> 金融収益及び金融費用
>>> 受取利息、支払利息　など
>> 持分法による投資損益
> 税引前利益

IFRSの包括利益計算書では営業利益の表示が義務付けられていない

（注）2019年3月期決算短信の「連結包括利益計算書」より作成

し、それを営業利益として掲載することがあります。右図のAGC（5201）はそのケースに該当し、【業績】の営業利益は同社が決算短信で公表している数値とは異なっています。会社の業績計画の営業利益も四季報予想とはベースが異なるため、【業績】最下段の会社計画数値の営業利益は「‥」にしてあります。

　また、IFRSには経常利益という概念がありません。そのため『四季報』の【業績】では経常利益の代わりに税引前利益を掲載しています。日本基準の特別損益に当たるものは、IFRSでは営業利益段階で反映されています。日本基準では営業外収支に含まれている一部項目も、営業利益段階で加減されます。

　「非継続事業」も、IFRS独特の会計処理です。すでに売却されたか、あるいは売却目的で保有する事業は非継続事業として区別し、その損益を「非継続事業からの損益」として税引後当期純利益に反映させます。貸借対照表（BS）でも、継続事業とは区別して表示します。

『四季報』で独自に再計算することも

●AGC（5201）

【業績】(百万円)	売上高	営業利益	税前利益	純利益	1株益(円)	1株配(円)	【配当】	配当金(円)
◇16.12*	1,282,570	68,837	67,563	47,438	205.2	90	17.12	55
◇17.12*	1,463,532	113,915	114,424	69,225	302.1	105	18. 6	55
◇18.12	1,522,904	122,499	128,404	89,593	399.5	115	18.12	60
◇19.12予	1,540,000	82,600	75,000	41,000	185.0	120	19. 6	60
◇20.12予	1,610,000	121,000	124,000	81,000	365.6	120~140	19.12予	60
◇19.1~6	737,489	42,120	42,556	32,286	146.0	60	20. 6予	60~70
◇20.1~6予	770,000	46,000	47,500	31,000	139.9	60~70	20.12予	60~70
◇18.1~9	1,126,152	90,432	93,038	64,890	288.2		予想配当利回り	3.12%
◇19.1~9	1,123,753	51,217	54,267	28,883	130.6		1株純資産(円)〈19. 9〉	
会19.12予	1,540,000	・・	75,000	41,000	(19.10.8発表)		5,003	(5,141)

会社の発表した計画数字と予想数字のベースが異なるため「・・」に

他社との比較が可能なように再計算。**会社の発表した営業利益とは数字が異なる。**予想数字は再計算した実績がベース

IFRSでは税前利益から金融損益などを除いた利益を営業利益として掲載することがある

日本基準にも影響を与えるIFRS

　なお、IFRSでは在庫や価格変動、与信などのリスクを負わない代理人取引については、手数料部分のみを売り上げ計上することになっています。たとえば、**商社の手数料を取るだけの取引**などが該当します。これは「純額表示」と呼ばれ、日本基準との大きな相違点の1つとなっていました。ただ、日本基準でも2021年4月以降に開始する会計年度から「収益認識基準」が適用され、純額表示をはじめIFRSと同じ原則が売り上げの認識に取り入れられることになりました。

　すでにリースについては、IFRSのリース会計基準が日本基準に取り入れられています。IFRSの動向は、日本基準を適用する上場企業を見るうえでも、見逃せないポイントになっています。

8 記事の見出しで 業績を一目で判断

【絶好調】【飛躍】【最高益】など会社の勢いを示す見出しに注目して、好業績の会社を先取りしよう

ここを見てね！

【資本異動】	【株式】【財務】	【株主】		【材料欄】	【業績欄】	【特色】【連結事業】	コード 社 名
【特集】	【CF】	【役員】【連結】					
【業績】四季報予想会社予想		【配当】		【本社】【証券】			

業績の良し悪しを見出しで表現

『四季報』で最も注目される業績予想ですが、その根拠を簡潔に説明しているのが、記事コメント前半の業績欄です。

業績欄を見るうえで、まず確認してほしいのが冒頭に付けられた**見出し**です。本文の内容を一言で表現したもので、見出しを読んだだけで、その会社の業績動向がわかるようになっています。

業績欄の**見出しは原則として、今期の営業利益予想を対象**に付けられています。期末が近い場合は、来期業績を対象にしている場合もあります。たとえば、毎年3月に発売される『四季報』春号では、3月期決算会社については来3月期が対象となります。

業績欄の見出しには、大きく2つの評価基準があります。第1に**過去実績との比較**、第2に**『四季報』前号との比較**です。見出しの付け方の原則については、29ページをご覧ください。

同じ営業増益、営業減益であっても、会社ごとにニュアンスは微妙に異なります。そのため『四季報』は業績トレンドをより明確に伝えるために、見出しの表現にも工夫を凝らしています。

業績欄の見出しはバリエーション豊か

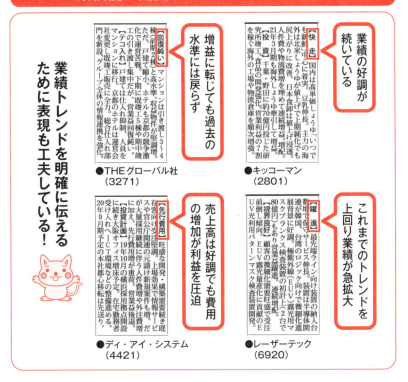

業績トレンドを明確に伝えるために表現も工夫している！

業績の好調が続いている
【快走】
●キッコーマン（2801）

増益に転じても過去の水準には戻らず
【回復鈍い】
●THEグローバル社（3271）

これまでのトレンドを上回り業績が急拡大
【躍進】
●レーザーテック（6920）

売上高は好調でも費用の増加が利益を圧迫
【先行費用】
●ディ・アイ・システム（4421）

　たとえば、【伸び盛り】や【右肩上がり】は、業績の勢いが続いていることを表します。【再加速】は、利益の伸びが踊り場を迎えた後、再び勢いが強まりそうな局面を意味します。そのほか特徴的な見出しの例を、上図でいくつか紹介しています。

　『四季報』を長年使いこなしている株式投資家には、最新号の発売日当日に業績欄の見出しを全社チェックして、銘柄を絞り込むという方が多くいます。その際は**【絶好調】【飛躍】【最高益】などの銘柄に着目**するそうです。見出しを上手に活用することで、効率的に銘柄をピックアップすることができます。

▶【見出し】で簡単に 有望銘柄を探そう

『四季報』の見出しを検索すれば、
注目銘柄の発見がダンゼン楽になる

見出しにその会社の状況が表現されている

『四季報オンライン』の記事情報やデータ量は膨大です。その中から**素早く有望銘柄を見つけるため、記事欄の見出しに注目**するという方法があります。

見出しは業績予想や記事の内容を短い言葉で端的に表現しています。右上図は業績欄でよく使われる見出しをプラスイメージからマイナスイメージまで分類した表です。『四季報オンライン』のトップページ上部の右「見出し検索」というリンクから、この表は見られます。

見出しの右横にある（　）内の数字は、その見出しが使われている銘柄の数を示しています。表内の見出しをクリックすると、その見出しが使われている銘柄や記事内容、今期経常増益率などの指標が下に一覧で表示されます。

注目すべき見出しは、【独自増額】です。増額とは、今期業績の予想数字が3カ月前に発売した前号での予想より増えている（今号予想＞前号予想となっている）こと、また会社計画とは異なる四季報独自の予想数字であることを意味します。期中の業績見通しの上方修正は株価にプラス影響を与えることがあるので要注目です。

【連続最高益】【最高益】という見出しも、その企業の好調ぶりを示

見出し数を集計できる

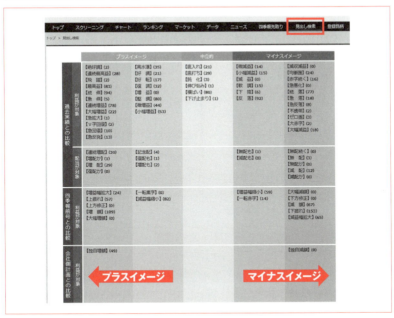

注目の【見出し】を一覧で表示

しています。足元で連続して最高益を更新している会社は安心感があります。また10年ぶりといった久しぶりに最高益を更新してくる場合は、その会社にパラダイムシフトが起きている可能性が高く、ポジティブな変化が期待できそうです。

9 業績欄を読み込んで 予想の背景を理解

増益、黒字が継続的な状態なのか、
今は減益、赤字だが復活は近いのか、
企業業績の行方を見極めよう

ここを見てね！

						コード
【資本異動】	【株式】【財務】	【株主】	【材料欄】	【業績欄】	【特色】【連結事業】	社 名
		【役員】				
【特集】	【CF】	【連結】				
【業績】四季報予想会社予想			【配当】		【本社】【証券】	

業績予想は内容の吟味が重要

　『四季報』記事の前半部分である業績欄では、進行中の決算期、ないしは来期の業績予想の根拠を説明していますが、その**柱は営業利益の予想について**です。営業利益は本業による儲けであり、その動向が企業業績を見るうえで重要なポイントとなるからです。

　業績欄では、事業セグメントごとの売上動向、原材料費などの原価、広告宣伝費や輸送費、研究開発費などの販売費・一般管理費（販管費）といった営業利益の増減要因について記述しています。

　そのほか、受取利息や支払利息、為替差損益、持分法投資損益などの営業外収支や、土地売却益や減損などの特別損益、税負担、配当についても、大きな変化がある場合には業績欄で触れています。

　業績予想については原則として、前期実績に比べて増益になるのか、それとも減益になるのかという観点から説明しています。第1四半期、第2四半期、第3四半期と進むにつれ、四季報予想が変化する場合もありますので、会社計画や前号予想との対比で記述することもあります。

よい増益か悪い増益かがわかる

鳥貴族の2020年7月期は営業増益だが売上高は減少。**不採算店の閉鎖や償却費の軽減など費用削減で利益を確保**する

2019年7月期に**店舗設備等の減損を特損計上**。その結果、2020年7月期の減価償却が軽減

【費用減】既存店は台風や20年4月の禁煙義務化もあり客数微減が続く。ただ直営店16減、FC微増（前期9減、3増）と不採算店の止血継続。前期減損により償却費も軽く。営業益反発。退店特損や減損減り最終黒字。

●鳥貴族 (3193)

【業績】(百万円)	売上高	営業利益	経常利益	純利益	1株益(円)	1株配(円)
連17. 7	29,336	1,457	1,426	967	83.6	8
連18. 7	33,978	1,681	1,613	662	57.2	8
連19. 7	35,847	1,190	1,145	▲286	▲24.7	8
連20. 7予	34,600	1,310	1,260	450	38.8	8
連21. 7予	34,600	1,400	1,350	500	43.1	8
連18.8~1	17,843	359	340	53	4.6	4
連19.8~1予	17,400	850	820	470	40.6	4
連18.8~10	8,923	136	125	58	5.1	
連19.8~10	8,509	503	499	318	27.5	
会20. 7予	34,605	1,309	1,264	454	(19.9.13発)	

営業利益の動きは記事で詳しく解説している

　会社の業績動向を分析するうえでは、数字だけを見て増益になるから好調、減益になるから不調、と判断するのでは不十分です。

　増益といっても、その会社のどの製品・サービスが伸びているのかによって、今後の成長性が違ってきます。主力事業が順調に拡大していれば、翌期以降の成長も期待できます。反対に、主力事業の不調が続き、他部門が一時的に好調で利益を押し上げているといった場合、翌期以降の成長に疑問符がつくでしょう。

　上図の鳥貴族（3193）は、売上高は減少するものの、不採算店舗の閉鎖や減価償却費などの費用減によって営業増益を確保する予想になっていることが業績欄から読み取れます。

　ぜひ『四季報』の業績欄を使って、業績予想の内容にまで踏み込んで吟味してください。

第4章

将来性のある
会社の見つけ方

材料欄で
成長力を診断する

材料欄に書かれている中長期の業績
見込みや経営方針などを点検して、
会社の将来性を予測しよう

ここを
見てね！

【資本異動】	【株式】 【財務】	【株主】		【業績欄】	コード 【特色】 【連結事業】	社名
		【役員】	【材料欄】			
【特集】	【CF】	【連結】				
【業績】 四季報予想 会社予想		【配当】	【本社】 【証券】			

成長に不可欠な設備投資と研究開発

　『四季報』記事の前半部分は**業績欄**と呼び、原則的に業績見通しを
詳述しています。一方、後半部分は**材料欄**と呼び、中長期的な業績や
経営に影響を及ぼすポイント、その時々の株式市場や業界で話題と
なっているテーマなどについて記述しています。

　材料欄の記事内容は多岐に及びます。設備投資や中期経営計画の詳
細、資金調達やその使途、M&A（合併・買収）、新製品開発・投入状況
や経営課題、組織変更内容、自己株買い・消却など、株式市場の需給
に影響を与える内容が盛り込まれています。

　製造業や小売業にとって**設備投資は、中長期的な成長に非常に重要**
です。製造業は、現在販売中の製品ラインアップを続けるだけでは、
時代の流れとともに陳腐化が避けられませんし、価格競争に巻き込ま
れるリスクも高くなります。将来の成長には、新たな付加価値のある
製品の開発や投入が欠かせません。そのためには設備投資や後述する
研究開発が必要になります。

　そこで材料欄は、たとえば製造会社が工場を新設するのであれば、

新中期計画のポイントを簡潔に解説

中期的な収益目標とともに海外拡充や買収事業強化、設備投資拡大など、今後の方向性や積極姿勢が明らかに！

材料欄をチェックすれば、会社の成長力を判断できる

【小幅回復】電力は顧客獲得経費かさみ赤字継続。だが、都市ガスは平年並み気温を前提に下期までに販売盛り返す。原料高一服で、料金反映までの期ずれ差損解消。営業益足踏み。21年3月期はガス顧客の離脱続き、不動産

【新中計】20年度からの3カ年で、国際分野に最大500億円投資。22年度や売上高の4割を非ガス事業に。三菱商事と提携し、物流倉庫など米国不動産事業進出。

●西部ガス（9536）

いつ、どこで、何を生産し、どの程度の規模（年間生産量や年商）を目指すのか、投資額などを詳しく解説しています。

　小売業や外食産業などは、今後の店舗戦略などが大きなポイントです。今期の出店、退店、あるいは改装、業態転換などは、原則として業績欄で記述し、中長期的な店舗戦略を材料欄で取り上げます。

　小売業の成長の源泉は新しい店の出店と既存店売上高の底上げです。出店は当然として、既存店の売上拡大には、販売商品や食事メニューの刷新に加えて、店舗の改装や業態転換なども必要になります。記載内容はいかなる業態（新業態を含む）を、どのエリアや立地で、将来的に何店舗を新設・改装するか（業態転換、退店を含む）といったものです。

　設備投資と同様に、研究開発費も重要です。いずれも過去1期の実績と今期の計画額は【指標等】に記載されるため、材料欄では内容や

重点分野、その期待値や中長期的な収益貢献性を記載します。特に製薬会社やハイテク企業など**新製品の開発競争が激しい業界は、研究開発の動向は会社分析に必須**といえるでしょう。

中期経営計画の重要部分を見極める

　上場会社の多くは2〜5年程度の期間にわたる中期経営計画を公表し、株式市場に自社の成長シナリオを示しています。中期経営計画は最終的な収益目標に加えて、海外売上比率や成長のエンジンと期待する事業・製品、中期的な株主への還元策、ROE（自己資本利益率）や財務目標などが掲げられることが多く、『四季報』は**材料欄に中期計画で重要と思われる部分を記載**しています。

　新しい中期経営計画が未発表段階だとしても、次の計画で会社側が何を経営課題と考え、いかなる施策を軸にするか、取材した上で重要と判断すれば記載します。たとえば、『四季報』2020年新春号は、建設向け金属製品の岡部（5959）の材料欄に「20年開始の新中計策定中、引き続きM&Aに積極的」と記述しています。こうした新しい中期経営計画の方向性を示す内容は、今後の成長性を判断する上で貴重な情報です。

　会社が公表する中期経営計画には、努力目標的な数字が打ち出され、達成が至難なものも含まれます。そうした場合は、「○年度年商○○億円目標に過大感」「計画達成には要努力」といった記者の評価を加えています。また、2020年新春号の鳥貴族（3193）のように、「【新中計】24年7月期に売上450億円、営業利益8％が目標。カギは既存店の本格回復と国内外新エリアへの出店」と、既存店売上高が足踏み状態であることと、海外だけでなく国内にも未出店地域がある現状を踏まえて、計画の実現に一定の前提条件を記載する場合もあります。

買収の狙いを材料欄で解説

どこの会社から**何の会社を買収**するのか、**目的や概要、規模**なども詳述して、短期から中長期の業績影響についても見通す

M&Aの動向にも注目しよう！

【増配】出店13。既存店は若干減で踏ん張る。が、PB比率減り粗利率苦戦、のれん償却8億円重い。が、営業外に保険金、21店舗ん減損も想定下回り純益は会社計画線。24年減益も想定下回り純益は会社計画線。02月期は買収会社が上乗せ（売上高約0億円、利益貢献なし）。出店も継続し拡大。

【ドイト】20年2月にパン・パシフィック傘下のHC子会社ドイトを約68億円で買収。首都圏軸に16店展開し店舗網拡大。

●コーナン商事（7516）

M&Aの成否を先読みする

　短期間で企業の成長力を高める手段として、見逃せないのがM&Aです。ここ数年、国内市場の成長力低下から内外企業・事業の買収が活発に行われています。

　材料欄は、M&Aの狙いや今後予想されるシナジー、またTOB（Take Over Bid：株式公開買付）など現金による買収の場合には、買収金額についても記載することがあります。また、発生するのれんが大きい際は、その総額や償却年数について触れる場合もあり、中期的な収益への影響を推し測ることができます。

　M&Aは成功事例ばかりでなく、失敗事例もあります。M&Aを評価する場合は、材料欄を参考に、買収金額が高いか安いか、収益へのインパクトを見極めましょう。

2　材料欄で注目すべき見出しと記事

材料欄の見出しを手がかりに記事を検証すれば、中長期的なプラス要因とリスク要因が浮かび上がる

ここを見てね！

【資本異動】	【株式】【財務】	【株主】			コード
			【材料欄】	【業績欄】	【特色】【連結事業】 社　名
		【役員】			
【特集】	【CF】	【連結】			
【業績】四季報予想会社予想		【配当】	【本社】【証券】		

業績にプラス影響が期待できる見出しと記事

　『四季報』の**材料欄は、中長期的に当該会社の収益に影響を与える要素を記述**していることが多くあります。そのプラス、マイナスの影響はどう読み取ればよいのでしょうか。

　大きなヒントが見出しにあります。たとえば、【新分野】【新事業】【新販路】【新機軸】【開発】【増強】【新工場】【新拠点】【新設】【買収】【出店】【新業態】【種まき】【攻勢】【投入】【還元】などは、企業の積極的な経営姿勢を示す代表的な例です。株式投資を判断する上でも、プラスの影響を期待できる見出しです。

　【AI】【5G】【自動運転】【キャッシュレス】【シェアリング】など、株式市場で注目される今後の有望市場や有望商品が見出しになっている会社も期待大といえるでしょう。

　アジアや新興国の経済成長と日本企業の進出を背景に、【中国】【アジア】【新興国】【タイ】【ベトナム】といった見出しも多く見られます。ただ、海外展開の状況は会社ごとにまちまちであり、それぞれの内容を確認する必要があります。

材料欄は見出しに注目！

次世代通信の5G関連銘柄は中期的な成長期待が大きい。ほかにも**AI、自動運転、キャッシュレス、シェアリング等の見出しにも注目**

5Gや自動運転は携帯電話会社や自動車メーカーだけでなく、すそ野が広い。サービスや小売業でも見出しになる可能性もある

【連続増益】センサーは費用先行で赤字。受動部品は車載向け鈍化でもスマホ向け堅調。HDDは高単価品の構成比上昇。頭の電池がモバイル用を軸に伸びて営業増益。21年3月期は受動部品好調で増益続く。**【5G向け】**5G通信で使われるミリ波帯通信に対応したスマホ向けフィルターの量産開始、本格化する5G需要取り込む。介護に利用できるモニタリングシステム開発。

●TDK（6762）

株式市場で、特定の材料を理由に株価がハヤされる材料株には、強引な連想買いや「風が吹けば桶屋が儲かる」のたとえにも及ばないものもあります。こうした場合は、一時的に株価が上昇しても成長のプラス材料とはいえず、短期間で反落することがあります。

そこで**見出しとともに材料欄の記事を読み、当該会社の今後の業績に期待できる内容か、判断する**ことが重要です。

たとえば、2020年新春号の日本製紙（3863）の材料欄は「【豪州】オーロラ社の段ボール包装事業20年1月買収、原紙から加工まで現地一貫体制。国内3工場再編は19年11月に終了」という記述です。ここ数年、デジタル化の進展に伴う国内紙需要の減少が、製紙会社業績の下押し圧力となっています。日本製紙は印刷・情報用紙で国内首位。国内市場におけるシェアが高いことから、M&A（合併・買収）などによる新しい業績牽引役の獲得と需要減に合わせた国内工場の見直し

は差し迫った課題となっていました。材料欄を読むと海外市場開拓のための有力会社確保と国内生産拠点再編の双方に一定のメドを付けたことがわかります。

　一方、『四季報』の前号と比べて材料欄の内容にあまり変化がないケースも見受けられます。設備投資の中身が合理化・更新投資程度だったり、新商品にあまり期待が持てそうになかったりする場合、業績推移を見ると、ほぼ縮小均衡に陥っている会社も見られます。こうした会社は施策に乏しく現時点で成長余力は小さい、と見て間違いないでしょう。

リスク情報も材料欄でわかる

　上場会社の中には、債務超過や資金繰りが厳しく上場廃止や経営破綻の可能性がある会社もあります。民事訴訟の被告となり、訴訟の動向次第で賠償金が発生したり、不正会計などの不祥事が発覚して業績に影響を及ぼしたりする場合もあります。

　『四季報』は、こうした状況を材料欄でリスク情報として提示しています。たとえば、決算短信などに**「継続企業の前提に疑義注記」**や**「継続企業の前提に関する重要事象等」**が記載された会社、上場廃止の猶予期間に入った会社は、文中で触れるとともに、厳しい状況にある点を指摘しています。

　2020年新春号は、オンキヨー（6628）について材料欄で「【綱渡り】事業売却計画が中止に。売却資金で計画した支払い遅延解消など頓挫。事務所集約、約1000人の希望退職募集、不採算機種削減などで収益改善図るが、資金と資本の増強が必須。継続前提に疑義注記」と会社の現況と対応を詳述しています。訴訟関連では、リミックスポイント（3825）について材料欄で「【余波】台湾提携先が流出事故責任問い当社交換所に10億円賠償請求訴訟起こす。原告主張に理由なしと

材料欄のリスク情報をチェック！

不透明な在庫状況で決算発表が**再延期**され、前にも中国子会社の不適切会計があるなど、**混乱している状況**であるとわかる

リスク情報や**疑義注記**
などが記載された
株式への投資は
慎重な判断が必要

【赤字継続】20年9月期は美容ローラーが続く。中国の販売減速が続く。韓国の不買運動、香港の政情不安定も痛手。国内は前期のEMS新商品寄与あるが伸び鈍化。赤字継続。減損見込まず。

【制御不全】韓国取引先の在庫状況に関す

【通報期】中国子会社不適切会計による決算

【再延期】る19年9月期決算発表を

訂正に続くガバナンスに問題山積。で

消費者の嗜好変化による中国の

「争う構え」の記述があります。

個人投資家への事前警鐘

　長期投資を前提とした個人の方が、材料欄に疑義注記や重要事象などリスク情報の記載された株式へ投資されることはあまりお勧めできません。短期のサヤ取り狙いの買いが多く、マネーゲーム的色彩が強まっているためです。

　2020年新春号の材料欄に継続企業の前提に疑義注記が記述された会社は39社ありました。材料欄の見出しは【土壇場】【綱渡り】【土俵際】【奔走】【瀬戸際】など、いずれも当該会社の厳しい状況を端的に表現しています。継続企業の前提に関する重要事象等は67社ありました。新規投資の判断に加え、持ち株を手仕舞うときなども、ぜひ『四季報』の材料欄を参考にしてください。

▶ 旬の市場テーマから 関連銘柄を探そう

市場で話題となっている
プラス材料・マイナス材料で銘柄を絞り込む

記事内で使われている用語で銘柄を検索

　株式市場では、その時々で話題になるホットテーマがあります。そうしたテーマに沿ったビジネスを手掛けている銘柄は、将来性が期待されて高値をつけることもあります。

　『四季報オンライン』で旬の銘柄を探すには、**ページ上部中央の検索窓に市場テーマとなっている言葉を入力**してください。『四季報オンライン』の記事やデータ内でその言葉が使われている箇所の一覧が表示されます。

　試しに「電気自動車」と打ち込んでみましょう。右上図は『四季報』2020年新春号における検索結果です。「四季報」の項目の下に（20件）と表示されていますが、これは各社の特色、記事、事業構成、会社プロフィール欄などの中で電気自動車という言葉が20件使われていることを意味します。

　さらに右横の「ニュース」項目の下には（100件以上）と表示されています。これは『四季報オンライン』のニュースなど過去記事で電気自動車という言葉が100件以上使われているという意味です。検索結果を1つひとつたどっていくと、電気自動車に関連する、思わぬ掘り出し銘柄を見つけることができるかもしれません。

特色、記事、事業構成、会社プロフィールを検索

用語（市場テーマ）が使われている過去記事を一覧できる

　注意が必要なのは、同じ意味でも違う言葉を使うケースがあることです。電気自動車は「EV」と表現されることがあります。『四季報』の市場テーマは「電気自動車（EV）」という形で名寄せするようにしていますが、より広い意味で「環境対応車」で検索した場合はひっかかりません。ぜひご自身でいろいろと連想して、検索を試してみてください。

　なお、「新型肺炎」などマイナス材料の影響を把握するうえでもテーマ検索は参考になります。

3 長期投資なら、この数字に注目！

設備投資、減価償却、研究開発。3つの数字をチェックすれば、中長期の成長力を予測できる

ここを見てね！

【資本異動】	【株式】【財務】	【株主】	【材料欄】	【業績欄】	コード【特色】【連結事業】社名
	【指標等】	【役員】			
【特集】	【CF】	【連結】			
【業績】四季報予想会社予想		【配当】	【本社】【証券】		

会社の意欲が見える指標

　成長する会社は、新しい事業分野への進出や新商品の開発に絶えず取り組んでいます。トヨタ自動車（7203）の年間の設備投資、研究開発費はいずれも1兆円前後に及びます。『四季報』は【指標等】で、設備投資、減価償却費、研究開発費について、直近決算期の実績と進行決算期の計画の金額を記載しています。

　設備投資は、工場設備や営業拠点などの建物、店舗など有形固定資産への投資額と商標権や特許、ソフトウェアなど無形固定資産への投資額の合計です。設備投資には決定ベース、支払いベース等がありますが、『四季報』は工事ベースで、年間の工事実施額を記載しています。

　減価償却は、有形固定資産や無形固定資産の取得原価をその耐用年数にわたり一定の方法で配分し、費用化したものです。毎期、均等額を償却する定額法と、毎期、均等率で償却を行う定率法があり、会社が選択することができます。償却の総額に変わりはありませんが、定率法の場合、投資当初の償却額が大きく出て、中盤以降の負担が少な

会社の成長性を【指標等】と材料欄でWチェック

【株式】10万 140,860千株
取 100株　貸借　優待
日信託　3,777社
【財務】〈連19.9〉　百万円
総資産　499,678
自己資本　267,562
自己資本比率　53.5%
資本金　64,152
利益剰余金　123,243
有利子負債　150,030
【指標等】　〈連19.3〉
ROE　1.2% ▽2.7%
ROA　0.8% ▽1.4%
調整1株益　一円
最高純益(07.3)　48,307
設備投資 228億 ▽900億
減価償却 251億 ▽250億
研究開発 147億 ▽160億
【キャッシュフロー】　億円
営業CF　185(270)
投資CF ▲180(▲213)
財務CF ▲49(67)
現金同等物 1,134(1,177)

製造業にとって工場新設は設備投資の典型で、**中長期的な成長に欠かせない要素**。「材料欄」では、製造品目の分野や時期、投資額などを記載している

【上向く】欧州中心にディーゼル車向け黒煙除去フィルターが一段と減速。自動車市況悪化でIC化パッケージも停滞。ただサーバー向け薄型基板は好採算のパッケージや配線板が好調、営業益向上。不採算の年3月期は黒採算。21【新興国】煙除去フィルターは新興国の設備排ガス規制にらみ中大型車向け拡販に重点。投資は成長見込むICパッケージに重点。

●イビデン（4062）

いという特徴があります。

攻める会社は設備投資が減価償却を上回る

　減価償却費は期間利益に対してはマイナスの影響を与えます。しかし、大半の場合、過去に設備投資を行った時点で実際の支払いが終わっているため、現時点の支払いを伴うものではありません。財務上はフリーキャッシュフローの一部であり、今後の資金需要に向けた内部留保ともいえます。

　一般的に設備投資額が減価償却額を上回っている会社は、事業拡大意欲が旺盛と考えられます。過去に比べて水準が上昇している場合には攻めの姿勢が見て取れます。また減価償却を超過する額は手元資金で充当するか、借入金や社債など負債による調達、あるいは増資など金融市場から資金を直接調達する必要があり、どうやって資金を捻出するかも注目です。

会社の攻める姿勢はここをみる！

【株式】¹⁹/¹⁰　416,662千株
単100株　　　225
信用残 51,541億 貸借
【財務】〈連19.9〉 百万円
総資産　　　3,085,213
自己資本　　2,538,513
自己資本比率　　82.3%
資本金　　　119,419
利益剰余金　2,407,103
有利子負債　　19,739
【指標等】〈連19.3〉
ROE　12.8%　予12.4%
ROA　10.2%　予10.2%
調整1株益　　725.9円
最高純益(19.3)　309,125
設備投資 2,406予2,700億円
減価償却 1,375予1,400億円
研究開発　564予‥‥億円
【キャッシュフロー】百万円
営業CF　4,006(3,327)
投資CF▲1,815(▲2,376)
財務CF▲1,645(▲500)
現金同等物 8,283(7,804)

設備投資が減価償却費の金額を大きく上回るのは会社の積極的姿勢の表れ。ただし、投資を回収できるか、過剰投資にならないかの見極めも必要

Good!

【高水準】半導体シリコンは顧客の在庫調整につれ数量減り減速。塩ビは販売増だがシリコーン価格上昇で利益減少。ただシリコン、自動車電動化で高水準。営業益高水準。

【レジスト】半導体レジストの台湾工場、年11月稼働。シリコーン増強遅れなど今19年3月期は半導体シリコンが上向く。設備投資計画は300億円分引き下げ。

●信越化学工業（4063）

逆に設備投資額が減価償却額を下回っている会社は、今のところは事業拡大に慎重な姿勢と見てよいでしょう。そうした状況が長期間続いているのであれば、今後の成長がスローダウンする可能性もあります。

業種によって重要度が異なる

研究開発費は、今後の中長期的な商品や技術を開発するための先行投資です。『四季報』は、研究、開発、試験のための人件費、原材料費、設備装置購入費などの合計を記載しています。

設備投資や研究開発費は、業種などによって重要度に濃淡があります。銀行、保険業、証券業は重要性が低いことから『四季報』は記載していません。また小売業、卸売業、不動産業、陸運業などは研究開発費ゼロの会社が大半です。一方、製薬会社は売上高に占める研究開発費の水準が高く、設備投資も素材メーカーなどの資本集約的な装置

研究開発費は先行投資

【株式】1%②	528,341千株
売買 100株	貸借
増益 13,726億円	
【財務】〈◇19.9〉	百万円
総資産	642,125
自己資本	549,477
自己資本比率	85.6%
資本金	17,358
利益剰余金	520,797
有利子負債	‥
【指標等】	〈◇19.3〉
ROE	9.5% ◇9.6%
ROA	7.9% ◇8.3%
調整1株益	100.2円
最高純益(17.3)	55,793
設備投資 328億	◇317億
減価償却 106億	◇144億
研究開発 700億	◇720億
【キャッシュフロー】	億円
営業CF 667	(157)
投資CF ▲497	(▲341)
財務CF ▲222	(▲625)
現金同等物 599	(652)

研究開発費は増減と売上高に占める比率もポイント。小野薬品工業の研究開発費は営業利益を上回る。材料欄で研究開発の方向性も確認して、中長期的な期待が持てるか判断する

【堅調】国内は長期収載品続落、「オブジーボ」も薬価改定痛手。が、腎細胞がん向け伸びロイヤルティ、海外での販売費こなし営業増益。オブジーボ適応拡大で利益堅調増。21年3月下での主力海外

【次世代薬】20年4月の薬価改定先送りでのがん代謝阻害剤17億円を一時金収入。がん免疫薬、米国2社と開発契約。次世代薬開発へ一歩。

●小野薬品工業 (4528)

産業は更新・合理化投資だけで数千億円にのぼるケースがあります。

材料欄の記事もチェック

　設備投資や研究開発費は、会社の成長に欠かせないものですが、投資判断を誤ると業績低迷が続くことにもなりかねません。1990年代後半から2000年代前半にかけて、自動車産業とともに国内企業の中核を構成していた家電各社は意欲的な設備投資を行いましたが、その後の需要低迷や中国や韓国家電会社の台頭により、過剰設備を抱える事態に陥りました。新工場がスタートしても、物が売れず稼働率が低いまま、逆に減価償却費用や資金調達による金利負担が収益に重くのしかかり、新たな収益源も見つからず、かつての勢いを失いました。

　設備投資や研究開発費の成否を判断するうえでは、投資金額以上の資金を回収できるかどうかが最も重要であることはいうまでもありません。

▶過去10年の業績等のデータをチェック

長期業績を調べて、安定成長か、業績変動が大きいか見極めよう

現在に至る過程から未来を予測する

「人に歴史あり」という言葉は会社にも当てはまります。会社の現在の姿は過去の成功や失敗の積み重ねを経て形成されたもの。**投資は未来を予測する行為ですが、現在だけを見るのではなくそこに至るまでの道筋もチェック**すると、より理解が深まることでしょう。

『四季報オンライン』では、個別銘柄ページにある長期業績のリンクからその会社の過去10年の業績、財務、キャッシュフロー、従業員や株主状況の推移を見ることができるページに飛べます（閲覧するにはプレミアムプランへの加入が必要です）。

現在は好業績を謳歌している企業にしても、過去の経緯はさまざまです。過去10年の業績を見ることで、着実に業績を伸ばしてきたのか、または好不調を繰り返してきたのか、新製品や新サービスをきっかけに成長ステージに入ったのかなど、その道筋がわかります。

赤字や営業キャッシュフローのマイナスが続いている会社は、**自己資本比率の水準**を要確認です。増資など資本増強の可能性はあるか、債務超過に陥る懸念がないのかどうか注意してみましょう。

近年は株主還元に積極的な会社も増えてきました。その姿勢を見るうえで**配当の推移**にも目を通してみましょう。少しずつ配当額を増や

過去10年分の業績、財務、従業員などのデータを表示

⊃四季報		企業情報	長期業績	過去の四季報	大株主	株主優待	時系列
決算短信(予想)発表日		2010/11/08	2011/11/08	2012/11/02			

業績指標

決算期(単位:百万円)	2010/09連	2011/09連	2012/09連	2013/09連	2014/09連	2015/09連
会計基準	JP	JP	JP	JP	JP	JP
売上高	3,145	3,866	4,708	5,764	7,205	9,030
変化率	+23.5%	+22.9%	+21.7%	+22.4%	+25.0%	+25.3%
売上原価	463	530	708	1,030	1,436	1,919
売上総利益	2,682	3,335	3,999	4,733	5,769	7,111
販売管理費	1,513	1,894	2,245	2,684	3,292	4,133
営業利益	1,169	1,441	1,753	2,048	2,476	2,977
変化率	+26.2%	+23.2%	+21.6%	+16.8%	+20.8%	+20.2%
営業利益率	+37.1%	+37.2%	+37.2%	+35.5%	+34.3%	+32.9%
受取利息配当金	1	1	0	3	11	12
支払利息等	4	10	11	7	1	1
持分法投資損益	-12	-9	12	-11	-15	20
経常(税引前)利益	1,147	1,431	1,764	2,047	2,527	3,000
変化率	+23.7%	+24.7%	+23.2%	+16.0%	+23.4%	+18.7%
税引前利益	1,054	1,390	1,727	2,046	2,540	3,055
税金費用	469	627	765	829	1,026	1,204
少数株主利益	-	-	-	-	0	2
当期利益	585	763	960	1,217	1,515	1,853
変化率	+11.6%	+30.4%	+25.8%	+26.7%	+24.4%	+22.3%
包括利益		764	960	1,230	1,583	1,885

していく連続増配の実績があれば、今後についても期待がもてます。ただ、1株当たり利益を超える配当を長期間続けているような会社は、自己資本が潤沢でない限り、減配リスクを抱えているといえます。

株主還元の姿勢もわかる

　従業員の推移を見ると、大きく減った年は大規模リストラがあったことなどがわかります。従業員数が年々増え、さらに年収が上昇を続け、利益も伸びているようであれば好循環が続いているといえるでしょう。逆に年収が上がっていて利益が下がっているようなケースは、人手不足の環境下で新規採用に苦労する一方、人件費の上昇で利益が圧迫されていることがうかがえます。

　株主の欄では、**外国人保有株比率の推移**がわかります。国内株式市場の売買シェアの約7割を外国人投資家が占めています。外国人保有株比率が年々増加していれば、評価が高まっているといえるでしょう。

4 増資で大切なのは資金の使い道

増資を行うと株価が下がるケースが多い。なぜ資金が必要なのか、何に使われるのかを確認しよう

ここを見てね！

【資本異動】	【株式】【財務】	【株主】	【材料欄】	【業績欄】	コード 社名
		【役員】		[特色][連結事業]	
【特集】	【CF】	【連結】			
【業績】四季報予想会社予想		【配当】	【本社】【証券】		

増資を行う2つの目的

　増資とは、新株を発行して資本金を増加させることです。増資には、不特定多数の投資家に幅広く呼びかけて買い手を見つける**公募増資**、特定の取引先や金融機関など第三者が新株を引き受ける**第三者割当増資**、既存株主に新株を割り当てる**株主割当増資**があります。いずれも新株を購入して資金を払い込んでもらうもので、有償増資ともいいます。

　増資の目的は、主に2種類あります。1つは、順調に事業展開している企業のケースです。旺盛な資金需要を金融機関からの借り入れや債券の発行でなく、新たな資本金の調達でまかなうのです。

　2つめは財務内容の改善で、純資産の増加や負債の返済が目的となります。増資で得られる資金は借入金のように返済義務がなく、それで財務が改善できれば、企業の信頼度や評価も高まります。ただ極端な例として、自己資本がゼロ圏の会社や債務超過の会社が上場廃止基準抵触を回避するために行う、かなり緊急的な延命策としての増資もあります。

資金調達の内容をチェック

年月【資本異動】		株
14. 4	分1→2	1,279
19.10	公120万株	1,399
	(692円)	
19.11	三者18万株	1,417
	(OA)	

東証	高値	安値
05~17	1830(05)	530(08)
18	950(1)	605(12)
19.1~11	845(8)	652(1)

	高値	安値	出来株
19. 9	800	765	38
10	798	661	251
#11	685	653	61

資金調達の内容、金額と使途を記述。**成長力や株価見通しを占う**一助にしよう

増資の目的は、資金需要が旺盛で外部から資金を調達すること＆純資産を増加させること！

【再増額】バス向けはICカード関連の新需要で運賃箱などが想定超。鉄道は国内のワンマン運転用機器や北米の車両用灯具が伸びる。子会社のプリント基板実装も堅調。営業増益幅拡大。21年3月期は首都圏需要一巡で反落。バス事業者向けの更新需要。【開発強化】公募増資等で約9億円調達。路線バスの運行支援システムの開発強化等に充当。バス用カラーLED表示器も拡販。

●レシップHLD (7213)

増資は、新株発行によって株式需給の悪化や1株利益の希薄化を招くためにマイナス評価となり、その後の株価が下落することが多くあります。そこで注目されるのが、増資で得た手取り資金（調達資金から手数料を減算）の使い道です。**資金をどれだけ成長性の高い事業に投じる事ができるかがカギ**です。使途については、『四季報』記事の材料欄で記述・検証しています。

増資が**プラス評価になる使途としては、成長事業への設備投資や研究開発費、有望会社のM&A（合併・買収）、小売・外食産業であれば出店・改装費用への充当など**が挙げられます。会社側が示した、増資による成長シナリオが納得できるものであれば、利益の増加も期待できるでしょう。

増資の際は、材料欄の記事を参考に、なぜ資金が必要で何に使われるのかを確認することが大切です。

5 キャッシュフローを読みこなす

営業キャッシュフロー（CF）、投資
CF、財務CFの増減を組み合わせ、
よい会社と悪い会社を見分ける

ここを
見てね！

【資本異動】	【株式】	【株主】			コード
	【財務】		【材料欄】	【業績欄】	【特色】【連結事業】 社 名
		【役員】			
【特集】	【CF】	【連結】			
【業績】 四季報予想 会社予想		【配当】	【本社】 【証券】		

おカネの出入りを確認する

　企業活動の最大の目的は利益を上げることです。ただ、決算期末で区切ってみると、会社が計上した利益と実際に獲得したおカネは必ずしも一致するわけではありません。

　理由は大きく3点あります。**第1に、会計上の損益認識とおカネの出入りが同一でない**ことによるものです。たとえば、売上高は計上したものの、代金が入金されていないため、貸借対照表（BS）では受取手形や売掛金としてとどまっている状況がこれに当たります。また、減価償却費のようにおカネの流出を伴わない費用が発生して、利益が目減りすることもあります。

　第2に、入金は実現したものの、そのおカネをさらに一層の利益実現に向け、他の固定資産へ投資している場合です。土地や建物・設備に加え、M&A（合併・買収）などに際して増加する投資有価証券なども含みます。

　第3に、利益と関係なく、おカネが増減するケースです。たとえば、借入金を増やせばおカネは増加しますし、返済すればおカネは減

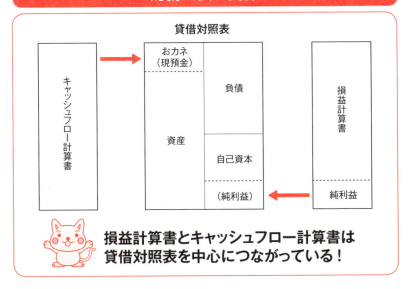

財務三表の関係

貸借対照表

キャッシュフロー計算書	→	おカネ（現預金）	負債	損益計算書
		資産	自己資本	
		（純利益）	← 純利益	

損益計算書とキャッシュフロー計算書は
貸借対照表を中心につながっている！

少します。借入金の増減は利益とは関係なく動きます。

　おカネの出入りを確認することは、会社分析に際して非常に重要です。会計上、利益が出ていても、資金繰りが逼迫すれば、黒字倒産といった危険もあるからです。

　キャッシュフロー計算書（CF）は貸借対照表、損益計算書（PL）と合わせて財務三表と呼ばれます。この三表はそれぞれ別個に存在するわけではなく、貸借対照表を中心にして関係を説明することができます。

　貸借対照表に記載される自己資本は、配当などを除いた、その決算期の純利益分だけ増加します。その純利益がどう生み出されたかを表すのが、損益計算書です。同時に貸借対照表で注目すべきは、左上に記載されるおカネ（現金および預金）です。その**おカネがどのように増減したかを説明するのが、キャッシュフロー計算書**なのです。

3つのキャッシュフロー

　キャッシュフロー計算書は、本業の営業活動で稼いだおカネ（営業CF）を投資に回し（投資CF）、その過不足を財務で調整する（財務CF）という構成になっています。

　『四季報』の【キャッシュフロー】は、直近2期分の営業、投資、財務の各CFと、その結果、期末時点で手元に残った現金および預金、3カ月以内の短期投資から構成される現金同等物の残高を掲載しています。これらの数値は個別に見るのではなく、それぞれの大小関係や、過去の推移なども見て、多面的に評価することが重要です。

　営業CFは、本業の営業活動を通じて獲得したおカネの増減です。営業CFがプラスであれば、本業でおカネを獲得できており、それを原資に設備投資や債務の返済も可能だと判断できます。逆にマイナスの場合は、本業でおカネを失っていることを意味しており、このままでは事業の継続は困難です。

　営業CFがマイナスの会社については、その要因を把握することが肝心です。ここで損益計算書の営業損益が赤字であれば、理由は本業の不振ということで明白です。これに対して、利益を出しているにもかかわらず、営業CFが赤字に陥るケースもあります。その要因としては、売掛金の回収停滞や在庫膨張などが考えられ、必ずしも経営悪化を意味するとはいえません。成長途上の会社などは売上高の拡大に伴って売上債権が急増し、一時的にやむを得ず営業CFがマイナスになることがあります。ただ、どういう理由であれ、営業CFのマイナスが続いている場合は注意が必要です。

　投資CFは、おカネを投資にどのように使ったか、あるいは逆に投資からどのようにおカネを回収したかを表します。成長企業であれば、投資を続けなければなりませんから、投資CFはマイナスが続き

3つのCFを多面的に読む

本業で稼ぎ出した営業CFを原資に、設備投資と借入金の返済を続けていることがわかる

大小関係や
過去の推移などを
比較考量しよう！

```
【指標等】      〈連19.3〉
ROE    10.5% 予10.1%
ROA     7.9% 予 7.7%
調整1株益      548.3円
最高純益(17.3)   3,485
設備投資  722 予1,260
減価償却  760 予 840
研究開発  840 予 820
【キャッシュフロー】  前期
営業CF  4,236( 4,256)
投資CF▲2,712(▲1,318)
財務CF  ▲968(  ▲850)
現金同等物12,930(12,374)
```

●オーデリック（6889）

ます。一方、成熟企業などで、資産の売却代金の方が多くなれば、投資CFはプラスになります。投資先としては固定資産、有価証券、貸付金などが挙げられます。

　堅実な経営を指向する会社は、投資CFを営業CFの範囲内に抑えます。この枠内で投資していれば、外部からの資金調達は不要ですから、財務体質は悪化しません。反対に、投資CFが営業CFを継続的に超えれば、財務CFを通じた新たな資金調達が必要になります。

　営業活動や投資活動の結果、おカネの余剰や不足が生じます。それを調整するのが財務CFです。借入金を返済すれば財務CFはマイナスとなり、逆に借り入れや社債などで資金調達をすればプラスになります。本業で稼いだおカネで借入金をどんどん返済している会社は、財務CF全体でもマイナスの場合が多く見受けられます。

よい会社と悪い会社を見分ける

　注目点は、営業CFで十分なおカネを生み出せているか、そして投資

3つのCFの組み合わせパターン

3つのCFの組み合わせから見える会社の状態

①営業CF＋ 投資CF＋ 財務CF＋	本業の営業活動好調で現金を稼いでいるのに加え、保有資産を売却、さらに借り入れを増やしている。事業転換など大きな資金需要が発生する計画があると推測できる。
②営業CF＋ 投資CF＋ 財務CF−	営業活動と固定資産売却で得た現金を借入金返済に使っている。財務改善を図っている会社だと推測できる。
③営業CF＋ 投資CF− 財務CF−	営業活動で得た現金を資産や借り入れ返済に充てている。投資と財務改善を並行して行っており、キャッシュフローの理想形といわれるパターン。
④営業CF＋ 投資CF− 財務CF＋	営業活動で現金を生み出し、借入金も合わせて資産投資をしている。成長途上型のベンチャー企業などに見られる。
⑤営業CF− 投資CF＋ 財務CF＋	本業の営業活動で現金が得られず、資産売却や借入金で資金繰りをしている。注意すべき問題企業の典型的なパターン。
⑥営業CF− 投資CF＋ 財務CF−	営業活動で現金が生み出せず、資産売却で借入金を返済している。過去の蓄積を切り売りしている状態。
⑦営業CF− 投資CF− 財務CF＋	営業活動で現金が生み出せず借入金を調達して投資している。再建途上の企業に見られるパターン。財務バランスは悪化する。
⑧営業CF− 投資CF− 財務CF−	営業活動で現金が稼げないが、投資ができて借り入れも返済している。過去の蓄えが分厚い会社だからできるが、この状態の長期化は好ましくない。

CFによる投資戦略と、財務CFによる余剰・不足資金の調整方法です。3つのCFのプラス・マイナスの組み合わせは8通りあります。

　さらに、『四季報』の【キャッシュフロー】【財務】【業績】を組み合わせると、収益性や安全性の分析も可能です。**営業CFを売上高で割った数値が営業CFマージンで**、売上高に対して、どれだけ営業CFを効率的に生み出せているかがわかります。また、**営業CFを有利子負債で割って求められる営業CF有利子負債比率**が高ければ債務返済能力が高いと判断できます。

6 会社再編の動きに注意する

【資本異動】と材料欄を併せて読めば、株価についての判断が深まり、今後のその会社の展開を予測できる

ここを見てね！

【資本異動】	【株式】【財務】	【株主】		【材料欄】	【業績欄】	コード [特色] [連結事業] 社 名
		【役員】				
【特集】	【CF】	【連結】				
【業績】 四季報予想 会社予想		【配当】		【本社】 【証券】		

株数の増減をチェックしよう！

株価は会社の1株当たりの価値を表します。会社の価値が同じなら、株数の増減が株価を大きく左右します。つまり、**株価を見るには株数を把握しておくことが必要**になります。その**株数の動きがわかるのが、『四季報』の左上にある【資本異動】**です。

会社が株数を増減させる方法は、さまざまです。資金調達を目的として特定の第三者に株式を発行するのが第三者割当増資です（【資本異動】は「三者」と表記）。

一方、不特定多数の投資家に対し、時価で新株を発行する増資が公募増資です（「公」と表記）。新規上場時に行われる資金調達手段として一般的です。

優先株式を発行する会社もあります（「優」と表記）。優先株式は配当金や残余財産の分配において、普通株式よりも優先して受け取ることができる種類株式です。会社の業績が悪化して普通株が無配となる場合でも、優先株はその名の通り、優先的に配当を受け取ることができます。

137

株数の動きをチェック！

年月	【資本異動】	万株
17. 9	分1→7	3,311
19.10	公428万株 (5095円)	3,751
19.11	三者53万株 (OA)	3,805

東証▽	高値	安値
17	18900(8)	2056(10)
18	5440(6)	2738(1)
19.1~11	5920(6)	3115(2)

	高値	安値	出来万株
19. 9	5610	4685	229
10	5220	4545	461
#11	4950	4595	192

増資の記号の横に新株発行数、カッコ内に募集価格（発行価格）を記載

調達資金の使途は材料欄などで確認しよう！

【出店攻勢】買収の国内、台湾貸オフィス上乗せ。貸会議室は高単価の上位グレード牽引。貸オフィスとの共同出店寄与、ホテルも高稼働で営業益続伸。償却費こなす。年2月期も国内軸の新規出店で拡大続く。21（台湾）貸会議室・貸オフィスは台北中心に25年までに50拠点へ拡大へ（現在14拠点）。優先株買い戻しや短期借入金返済に充当へ。公募増資等で約240億円調達へ。

●ティーケーピー（3479）

優先株は議決権などで制約を受ける場合が多く、経営不振に陥った際の資本増強策として発行する例が多く見られます。議決権がなければ会社の経営権には影響がないため、経営が改善すると優先株を償還して配当額を抑えるのが通例です。これに対して議決権のある優先株を発行する場合があり、増資引受先が実質的な支配株主になることを意味します。

株式発行しなくても株数が増減

資金調達は伴わず、1株当たりの株価を下げて流動性を高めることを目的に株数を増やすのが株式分割です（「分」と表記）。

配当だけではなく、株主還元策として自己株買いを行う会社も増えています。配当として現金を株主に支払う代わりに市場に出回っている株式を購入するのです。**自社の株を買い入れて消却し株数を減らす**

（「消却」と表記）と、1株当たり利益を高める効果があります。

　【資本異動】の右端には、増資や株式分割、自己株消却などを受けた、発行済み株式数の変化を記載しています。

　このほか合併や株式交換、株式移転など、会社再編に伴う株数の変化も掲載しています。株式交換は会社を買収する際、買収先の株式と自社の株式を交換すること、株式移転は持株会社を設立して、その傘下に入り、株主には設立した持株会社の株式を交付することです。

【業績】と【資本異動】を併せて読む

　株数の変化は【業績】の1株当たり利益に影響を与えます。株価を1株当たり利益で割ったPER（株価収益率）を見るときなどは、【資本異動】を併せて読むことが大切です。

　【業績】では合併や株式交換により売上高や利益が急拡大することが多くあります。ある会社の売上高が突然大きく増えたときは【資本異動】をみましょう。「合併」や「交換」とあれば、合併や買収による拡大だとわかります。こうした場合は、利益が大きく増えていても、1株当たり利益は変化なし、といったことが起こります。たとえば1億円の当期利益の会社の株数が1万株であれば、1株当たり利益は1万円です。その会社が買収により2億円の当期利益になったとしても、株数が2万株に増えていれば、1株当たり利益は1万円のままです。買収による1株当たり利益に変化がなければ、株価的には中立要因と判断すべきです。このように【資本異動】と【業績】を併せて見ることで、株価についての分析力は一層深まります。

　【資本異動】を見ていると、株式交換を頻繁に行う会社、合併を繰り返す会社、定期的に株式分割を繰り返す会社、などの特徴がわかります。こうした情報から、その会社のM&A（合併・買収）に対する姿勢や株主に対する考え方などを推し測ることもできるのです。

安全な会社はどう探す？

1 成長性と収益性に加え 安全性も確認を

高いリターンを得るためには、大きな
リスクが付きもの。安全性をよく確認
してリスクに備えよう

ここを
見てね！

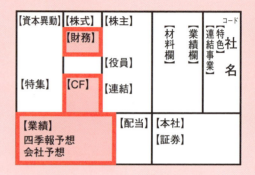

成長性・収益性・安全性。3指標への目配りが必要

　株式投資の最大の醍醐味は、成長力のある"旬"な会社を見つける
ことでしょう。『四季報』の記事や【業績】欄を見れば、本業の利益で
ある営業利益が成長している会社はすぐにわかります。ただ、中長期
的な投資を考えた場合は、持続的成長ができそうかどうかの確認が大
切です。**持続的成長性は、収益力と信用力の2つで測れます**。

　収益力は、『四季報』の【指標等】にあるROE（自己資本利益率）、
ROA（Return on Assets：総資産利益率）といった効率性指標をチェッ
クしてください。採算性を表す売上高営業利益率を計算してみてもよ
いでしょう。一方の信用力は、貸借対照表（BS）の重要な数値を掲載
した【財務】欄の自己資本比率や、【キャッシュフロー】欄にある営業
キャッシュフロー（CF）の増減や正負からわかります。これらは安全
性の指標とも言い換えられます。

　「リスクとリターンは表裏一体」といわれるように、事業にせよ運用
にせよ、大きなリスクを覚悟しないと高いリターンは得にくく、リス
クを小さく抑えると低いリターンしか得にくいものです。金融機関が

【業績】【財務】【キャッシュフロー】を併せ読もう

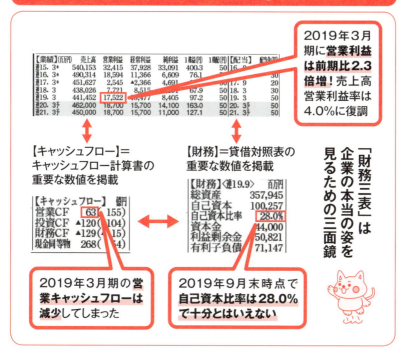

2019年3月期に**営業利益は前期比2.3倍増**！売上高営業利益率は4.0%に復調

【キャッシュフロー】＝キャッシュフロー計算書の重要な数値を掲載

【財務】＝貸借対照表の重要な数値を掲載

「財務三表」は企業の本当の姿を見るための三面鏡

2019年3月期の営業キャッシュフローは減少してしまった

2019年9月末時点で自己資本比率は28.0%で十分とはいえない

高い貸出金利を享受できるのは信用リスクの大きな融資案件であるように、成長性や収益性が良好な会社・事業・案件や運用手法ほど、安全性は後回しとなりがちになるのです。

　成長性・収益性・安全性の3指標どれも優れた「三方よし」はなかなか実現しにくく、それどころか**成長性・収益性と安全性とは反比例しがち**です。だからこそ、成長株を好む投資家ほど、安全性への注意が重要になるのです。上図のケースでも、【業績】の営業利益は高成長ながら、【キャッシュフロー】の営業CFは減少しており、【財務】の自己資本比率もさほど高くありません。**3つの欄の指標を三面鏡のように利用**して、会社の実像をくまなく確認しましょう。

2 【財務】欄から 会社の実像がうかがえる

【財務】欄からは貸借対照表の重要な数値がわかる。掲載値を組み合わせて、経営状態の実態を把握しよう

ここを見てね！

【資本異動】	【株式】	【株主】			コード
	【財務】		【材料欄】	【業績欄】	【特色】【連結事業】 社 名
		【役員】			
【特集】	【CF】	【連結】			
【業績】 四季報予想 会社予想		【配当】	【本社】 【証券】		

【財務】欄で規模、安全性、収益性を読み取る

『四季報』の【財務】欄には、会社が発表した直近決算（四半期または通期）期末日時点の**貸借対照表にある6つの重要な実績値**を掲載しています。これらは、会社の規模や安全性の指標、収益性の指標を算出する際の分母として使うこともできます。

貸借対照表（BS）とは、期末日時点で**どのような性格の資金の出し手からいくら調達しているかを右側**に列挙し、調達した資金の使途として**どのような性格の資産へいくらずつ投資しているかを左側**に列挙する一覧表です。こうすることで、右側の資金源泉と左側の資金使途を照合しやすくし、資金源泉の性格と資金使途の性格との不一致による**債務不履行発生リスクの大小を見抜きやすく**なっています。

【財務】には、資金源泉として、貸借対照表右側上部に記載される負債の部に含まれる有利子負債、また右側下部に記載される純資産の部に含まれる自己資本とその内数である資本金、利益剰余金の金額を掲載しています。

資金使途としては、貸借対照表左側に記載される資産の部の総合計

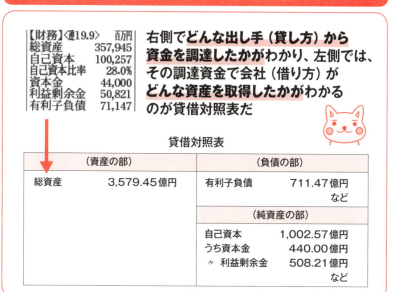

資金調達の源泉と、取得した資産規模がわかる

【財務】〈連19.9〉 百万円
総資産 357,945
自己資本 100,257
自己資本比率 28.0%
資本金 44,000
利益剰余金 50,821
有利子負債 71,147

右側でどんな出し手（貸し方）から資金を調達したかがわかり、左側では、その調達資金で会社（借り方）がどんな資産を取得したかがわかるのが貸借対照表だ

貸借対照表

（資産の部）		（負債の部）	
総資産	3,579.45億円	有利子負債	711.47億円
			など
		（純資産の部）	
		自己資本	1,002.57億円
		うち資本金	440.00億円
		〃 利益剰余金	508.21億円
			など

である総資産の金額を掲載しています。自己資本の総資産に占める比率を表す自己資本比率も掲載しています。

　このうち**総資産**からは、調達資金の総額＝資金使途の総額という観点での会社の規模がわかります。総資産の前期比増減を算出すれば成長性を把握できます。

　自己資本比率からは、会社の包括的な安全性がわかります。**自己資本**は【指標等】欄の**ROE**（自己資本利益率）、**総資産**は**ROA**（総資産利益率）という収益性の指標を算出する際の分母として使われます。詳しくいうと、ROEの実績値を算出するときは、自己資本の直近期首と直近期末の平均値を分母として使います。

　このように、【財務】欄の掲載値を活用することで、会社の実態を診断することができるのです。

総資産は企業規模の大きさを表す

【財務】欄の総資産と【指標等】の数値と組み合わせ、成長性と収益性を確認しよう

ここを見てね！

【資本異動】	【株式】	【株主】			コード
	【財務】		【特集】	【業績欄】	社
	【指標等】	【役員】	【材料欄】	【連結事業】	名
【特集】	【CF】	【連結】			
【業績】 四季報予想 会社予想		【配当】	【本社】 【証券】		

総資産は大きいだけではだめ

　【財務】欄の総資産は、調達資金の総額であり、資金使途である保有資産の総額でもあります。通常は【財務】欄の掲載値では最も大きく、【業績】欄の売上高とともに**会社の規模の大きさの尺度**となります。総資産が増加すれば、調達資金の総額、つまり保有資産の総額が増加したことになり、会社の規模が拡大したことを意味します。たとえば、【指標等】欄の設備投資が減価償却より大きい場合、設備投資が減価償却を上回る分だけ総資産の押し上げ要因となるので、「積極的に投資をしたため総資産が増加した」と考え、この会社の成長性を評価することも可能です。

　ただし総資産は単に増えればいいというものではありません。**成長性・収益性・安全性という3指標がうまくバランスしているか**にも注意してください。

　このうち収益性についてはROA（総資産利益率、純利益÷総資産）を指標とすることができます。前述のように積極投資をする会社の総資産が成長しているような場合を考えてみましょう。分母である総資産の

総資産と【指標等】を組み合わせて収益性を見る

総資産が膨らんでいるときは、ROAで収益性も確認しよう

【財務】〈連19.9〉 百万円

総資産	357,945
自己資本	100,257
自己資本比率	28.0%
資本金	44,000
利益剰余金	50,821
有利子負債	71,147

【指標等】 〈連19.3〉

ROE	8.4%	予14.1%
ROA	2.3%	予 3.9%
調整1株益		97.0円
最高純益(15.3)		33,091
設備投資	142億	予200億
減価償却	116億	予120億
研究開発	107億	予115億

> 【指標等】欄の設備投資が減価償却より大きい会社は積極投資局面にあると評価できる。**この場合、総資産の金額の増加は成長性の表れ**

【業績】〔百万円〕

	売上高	営業利益	経常利益	純利益	1株益(円)	1株配(円)	【配当】	配当金(円)
連15. 3*	540,153	32,415	37,928	33,091	400.3	50	16. 9	2
連16. 3*	490,314	18,594	11,366	6,609	76.1	50	17. 3	30
連17. 3*	451,627	2,545	▲2,316	4,691	54.0	50	17. 9	20
連18. 3	438,026	7,721	8,515	5,891	67.9	50	18. 3	30
連19. 3	441,452	17,522	15,477	8,405	97.2	50	19. 3	50
連20. 3予	462,000	18,700	15,700	14,100	163.0	50	20. 3予	50
連21. 3予	450,000	18,700	15,700	11,000	127.1	50	21. 3予	50

増加率よりも、分子である純利益の増加率が高ければROAは改善しますが、そうでなければ悪化します。投資をしてから利益に結びつくまでには一定の時間を要することが多いため、ROAの改善は簡単ではありません。

安全性については、自己資本比率（自己資本÷総資産）が指標になります。会社が積極投資をしている時期は、自己資本比率の改善も容易ではありません。総資産の増加率より自己資本の増加率が高くないと、自己資本比率は低下するわけですが、自己資本が増えるには、各期の純利益が十分に稼ぎ出され、利益剰余金として積み増しされるなどの必要があります。こちらも往々にして時間がかかります。

このように、成長性と収益性、安全性の指標はすべて良好にはなりにくいので注意が必要です。

4 自己資本は株主に帰属する重要な数値

自己資本は株主に帰属するおカネそのもの。安全性や収益性を見るための重要指標に使われている

ここを見てね！

【資本異動】	【株式】	【株主】				コード
	【財務】		【材料欄】	【業績欄】	【特色】【連結事業】	社 名
	【指標等】	【役員】				
【特集】	【CF】	【連結】				
【業績】四季報予想会社予想		【配当】	【本社】【証券】			

株主にとっても、会社の評価としても大事

　【財務】欄の自己資本は、株主に帰属している資産がどれだけあるかを示しています。その主な中身は、資本金、資金剰余金、利益剰余金、その他の包括利益累計額です。

　資本金は、株主が会社に払い込んだおカネです。一方、利益剰余金は過去に稼いだ利益が積み重なったものです。

　利益剰余金は過去に稼いだ利益の積み重ねですから、期間利益で赤字が続けば、利益剰余金は減少し、結果として自己資本も少なくなり、場合によってはマイナスになってしまいます。**自己資本がマイナスになった状態は債務超過**といい、会社の資産よりも負債のほうが多い状態です。2期連続で債務超過になると原則、上場廃止となります。ですから、会社の**安全性を見るためには、自己資本が十分にあるかどうかを確認することが重要**なのです。それを知るために自己資本比率という指標を使うことができます。

　一方で、**収益性の指標であるROE（自己資本利益率）も自己資本を使って算出**します。純利益÷自己資本がROEですから、純利益が同

自己資本で安全性を、ROEで収益性を確認しよう

自己資本は多ければいいというものではない

【財務】欄では安全性の指標である自己資本と、自己資本の内訳である資本金、利益剰余金がわかる。**自己資本は株主にとっての持ち分なので、十分な厚みのあることが望ましい**

自己資本の水膨れは評価できない。自己資本についての効率性の指標であるROE（純利益÷自己資本）で収益性をみよう

【財務】〈連19.9〉	百万円
総資産	357,945
自己資本	100,257
自己資本比率	28.0%
資本金	44,000
利益剰余金	50,821
有利子負債	71,147

【指標等】〈連19.3〉		
ROE	8.4%	予14.1%
ROA	2.3%	予3.9%
調整1株益		97.0円
最高純益(15.3)		33,091
設備投資	142億	予200億
減価償却	116億	予120億
研究開発	107億	予115億

【業績】(百万円)	売上高	営業利益	経常利益	純利益	1株益(円)	1株配(円)	【配当】	配当金(円)
連15. 3*	540,153	32,415	37,928	33,091	400.3	50	16. 9	2
連16. 3*	490,314	18,594	11,366	6,609	76.1	50	17. 3	30
連17. 3*	451,627	2,545	▲2,366	4,691	54.0	50	17. 9	20
連18. 3	438,026	7,721	8,515	5,891	67.9	50	18. 3	30
連19. 3	441,452	17,522	15,477	8,405	97.2	50	19. 3	50
連20. 3予	462,000	18,700	15,700	14,100	163.0	50	20. 3予	50
連21. 3予	450,000	18,700	15,700	11,000	127.1	50	21. 3予	50
連19.4~9	218,384	5,201	2,937	4,060	46.9	0	予想配当利回り	3.44%
連20.4~9	210,000	5,100	2,800	1,950	22.5	0	1株純資産(円)〈連19.9〉	
会20. 3予	460,000	18,500	15,500	14,000	(19.11.7発表)		159	(1,155)

【配当】欄の下方には1株純資産を掲載。投資指標の**PBR（株価純資産倍率＝株価÷1株純資産）**を算出するときに使われる

額なら、自己資本が多い会社のROEは低く、自己資本が少ない会社のROEは高くなります。

つまり、自己資本が多いということは安全性を上昇させますが、その反面、収益性を低下させることになります。自己資本は多ければ多いほどいいというわけではないので注意が必要です。

【配当】欄に記載されている1株純資産は、自己資本を株数で割り算して算出します。投資指標のPBR（Price Book-value Ratio：株価純資産倍率）が1倍というのは、1株純資産と株価が等しい状態です。一般にPBRが1倍より低ければ株式市場で自己資本の収益性が評価されていないことを意味します。

自己資本比率と資金繰りに注意

【財務】欄の自己資本比率は安全性の総体的指標。増減時は原因把握を。金融混乱時は保有資産が焦点に

ここを見てね！

【資本異動】	【株式】	【株主】			コード
	【財務】		【材料欄】	【業績欄】	【特色】【連結事業】 社名
	【指標等】	【役員】			
【特集】	【CF】	【連結】			
【業績】 四季報予想 会社予想		【配当】	【本社】 【証券】		

自己資本の増減には要注意

　自己資本を増やすには、純利益の増加が第一ですが、新たに株主を募る**公募増資**や、特定の会社・個人に株を発行する**第三者割当増資**などを通じ、株主から新たにおカネを集める手法があります。ただ、増資で株数が増える一方、会社の価値が株数の増加率ほど増えなければ、1株当たりの株価は下がります。株数の動きは、【資本異動】で確認できます。

　純利益で赤字を計上し続ければ、自己資本は減少します。また、会社が自社の株式を買い取る自己株買いを進めた場合も、自己株は自己資本に含まれないので、自己資本は減少します。**自己資本比率は会社の安全性の指標のうち最も総体的で重要な指標**ですので、大幅に増減しているときは、その原因の把握が必要です。

　ただ、**自己資本比率の高さと、収益性を表すROE（自己資本利益率）はなかなか両立しません**。右図の3社の例でも、自己資本比率とROEの順番が逆となっています。投資に際しては目的やリスク許容度を考えたうえで、成長性・収益性・安全性という3指標の確認が重

安全性と収益性は両立が難しい

●三菱電機 (6503) (IFRS方式)		●パナソニック (6752) (IFRS方式)		●シャープ (6753) (日本方式)	
【財務】〈◇19.9〉 百万円		【財務】〈◇19.9〉 百万円		【財務】〈連19.9〉 百万円	
総資産	4,358,001	総資産	6,626,202	総資産	1,865,294
自己資本	2,407,907	自己資本	1,866,376	自己資本	273,812
自己資本比率	55.3%	自己資本比率	28.2%	自己資本比率	14.7%
資本金	175,820	資本金	258,867	資本金	5,000
利益剰余金	1,995,903	利益剰余金	1,546,259	利益剰余金	271,148
有利子負債	389,423	有利子負債	1,138,000	有利子負債	756,565
【指標等】 〈◇19.3〉		【指標等】 〈◇19.3〉		【指標等】 〈連19.3〉	
ROE	9.7% 予8.7%	ROE	15.7% 予10.7%	ROE	20.4% 予24.8%
ROA	5.2% 予4.8%	ROA	4.7% 予3.0%	ROA	4.0% 予3.6%

**自己資本比率（安全性の指標）：
三菱電機＞パナソニック＞シャープ
ROE（収益性の指標）：
三菱電機＜パナソニック＜シャープ**

要です。

　1997年のアジア通貨危機、その11年後である2008年のリーマンショック、さらにその12年後に起きた2020年のコロナショックといった国際金融市場の混乱時には、**安全性が最重視**されます。このときばかりは、会社の資金の源泉である負債の部や純資産の部という貸し方から算出でき、あくまで総体的な安全性の指標である自己資本比率よりも、目先の資金繰りが注目されます。つまり、会社の資金の使途である資産の部という借り方のほうで保有する資産の中身へ焦点が移ります。貸借対照表（BS）でも総資産のうち比較的短期で換金しやすい流動資産、その中でも当座資産、さらにそのうちの**手元流動性**、そして**現金および預金の多さ**が重視されるようになるのです。

　危機時には、むしろ借り入れを起こしてでも流動性を確保する企業行動が評価されます。『四季報』の【キャッシュフロー】の**現金および現金同等物**の数値も安全性を表します。

▶ 会社の健全性を チェックしよう

指標を選択、クリックするだけで 手軽に健全性が確認できる

スクリーニングで危ない会社を見極める

　『四季報オンライン』を活用して会社の健全性をチェックするには、スクリーニングが便利です。**条件の追加から指標シグナル→指標と進むと、自己資本比率（前期）（%）、ネットキャッシュ÷総資産（前期）（%）、ネットD/Eレシオ（前期）（倍）** などの項目を選択できます。

　自己資本比率は業界や成長ステージによっても適正範囲に違いがありますが、おおよそ30%以上は確保しておいたほうが安全といえます。自己資本比率がマイナスとなる債務超過は上場廃止や破綻にもつながるだけに、最大限の注意が必要です。

　ネットキャッシュ÷総資産（%）は、ネットキャッシュが総資産に占める割合です。数値が高いと、キャッシュリッチであるといえます。**（前期末現金同等物−前期末有利子負債）÷前期末総資産** の計算式で求められます。

　ネットD/Eレシオは、貸借対照表ベースの有利子負債からキャッシュフロー計算書の現金同等物を控除した純有利子負債（Net Debt）を自己資本（Equity）で除算して算出します。低いほうが財務は安定しているといえます。**（前期末有利子負債−前期末現金同等物）÷前期末自己資本×100** で計算できます。

財務体質が健全な銘柄を選ぼう

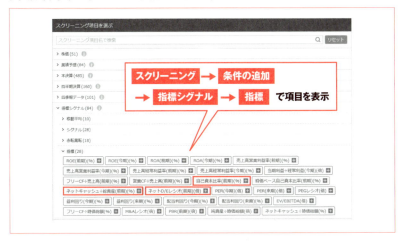

継続疑義・重要事象会社はこうして表示する

決算短信記載のリスク情報をチェック

　業績や財務の問題から企業の継続性（＝ゴーイングコンサーン）に不透明感がある場合、「継続企業の前提に関する注記」、「継続企業の前提に関する重要事象等」が決算短信などに記載されるルールになっています。このうち、前者のほうが深刻度はより高くなります。

　「検索条件を作成する」から「四季報」を選び、**継続疑義＆重要事象**と進むと、該当する会社が絞り込めます。

6 資本金は株主が会社に払い込んだおカネ

資本金は自己資本の中核的部分だが増資や減資により増減することも。【資本異動】で出入りを確認しよう

【資本異動】	【株式】	【株主】		[コード]
	【財務】		【材料欄】	【特色】【連結事業】【業績欄】 社 名
		【役員】		
【特集】	【CF】	【連結】		
【業績】四季報予想会社予想		【配当】	【本社】【証券】	

ここを見てね！

減資には要注意

　会社を設立したとき株券の対価として株主が払い込んだおカネの一部が資本金です。いわば事業を行うための元手です。その資本金を使って、毎期の事業活動で生まれた利益の蓄積が利益剰余金で、このため**資本金や利益剰余金**などの**自己資本が株主に帰属するおカネ**です。

　資本金は株主が直接払い込んだおカネで、持分の中核です。

　もっとも、近年は会社にとっては資本金の額の大きさそのものの意味合いは薄れています。かつて資本金の額は会社の規模を示す1つの尺度でしたが、上場会社にとって**株主持分の代表的数値は自己資本**です。資本金の額そのものにこだわる必然性はないのです。

　ですから上場会社でも、例外的ながら**資本金1円の子会社の設立**が見受けられます。また、地方自治体による外形標準課税は　販売費及び一般管理費に租税公課として計上され営業利益の押し下げ要因になるため、その**税負担軽減を狙って、資本金の額の減少（減資）に踏み切る**会社もあるほどです。

　そうはいっても、**減資には注意が必要**です。

資本金は自己資本の中核だが、変動も多い

●東芝（6502）（米国SEC方式）

```
【株式】10/31  481,000千株
単位 100株        【貸借】
時価総額 17,949億円
【財務】<◇19.9>    百万円
総資産      3,666,453
自己資本    1,057,042
自己資本比率    28.8%
資本金       200,175
利益剰余金  1,163,529
有利子負債   395,446
【指標等】  <◇19.3>
ROE   90.5%  予▲9.5%
ROA   23.6%  予▲2.7%
```

年月	【資本異動】	万株
18. 7	減資	652,070
18. 8	現物出資	652,095
18.10	併10→1	65,209
19. 7	現物出資	52,107
19.11	消却	45,500

> 東芝の自己資本は1兆0570億円もあったが、うち**資本金はわずか2001億円**で、利益剰余金が1兆1635億円と多い

> 【資本異動】欄を見ると2018年7月に**減資**されている。このとき資本金を大きく減らし、その他資本剰余金も取り崩すことで利益剰余金に振り替えた

減資で、単独決算の繰越利益剰余金欠損が填補されることも

　上図の事例のように、利益剰余金の欠損を填補するために減資を余儀なくされる会社があるためです。純利益の赤字がかさみ、これまでの利益の積み重ねである利益剰余金がマイナスになると、まず**その他利益剰余金**、やがて**利益準備金**、そして**その他資本剰余金**、**資本準備金**が取り崩されることがあります。さらに**資本金を減資**することで、利益剰余金の欠損を填補、つまり累積損失を一掃することもあるのです。

　会社側が減資を株主総会に付議する際「純資産の部における科目間の振り替えであり、純資産に変動はなく、業績影響はない」などと説明することがあります。ただ実際は、資本金や資本準備金や利益準備金が、その他利益剰余金などに振り替えられると、株主は資金の流出に歯止めをかけにくくなるのです。

7 利益剰余金は純利益の積み上がり

利益剰余金は利益蓄積を反映して毎期増減する。内部留保の還元拡充の議論には注意が必要

ここを見てね！

【資本異動】	【株式】	【株主】		【材料欄】	【業績欄】	コード
	【財務】					【特色】【連結事業】 社 名
		【役員】				
【特集】	【CF】	【連結】				
【業績】四季報予想会社予想		【配当】	【本社】			
			【証券】			

配当原資にも債務超過の原因にもなる利益剰余金

　『四季報』の【財務】欄にある**利益剰余金**は自己資本の内数で、会社が稼いできた純利益を蓄積したおカネです。純利益から支払い配当金や自己株消却分を差し引いた内部留保の額が毎期上積みされ、その詳細は株主資本等変動計算書に記載されています。

　利益剰余金を貯め込むのではなく、賃金や配当へ還元するよう求める議論がありますが、利益剰余金はあくまで帳簿上の話です。実際には、資金は速やかに流動資産か固定資産へ投資されるため、何も**会社が利益剰余金相当の現預金を保有しているわけではありません**。

　一方で、負債の部には金融機関など社外の債権者が資金の出し手として、純資産の部のうち資本金や資本準備金には資本を払い込んだ株主が議決権所有者として、それぞれにらみを利かせています。これに対して、**利益剰余金は会社の稼ぎが出どころのため会社が自由に処分しやすい**面があります。利益剰余金のうち利益準備金は取り崩しに株主総会決議が必要ですが、その他利益剰余金になると比較的自由に配当原資や累積損失の欠損填補に充当されたりしています。

利益剰余金が潤沢かどうかはしっかり確認しよう

【財務】を見ると2019年9月末時点の自己資本は▲1039億円で債務超過だ。原因は利益剰余金▲4513億円＝累積損失であることがわかる

2015年3月期から2019年4〜9月期までの純損失累計は5411億円。この赤字が過去に蓄積した利益を食い潰した

自己資本のマイナス＝債務超過

●ジャパンディスプレイ（6740）

【財務】〈連19.9〉	百万円
総資産	476,624
自己資本	▲103,934
自己資本比率	—％
資本金	114,362
利益剰余金	▲451,386
有利子負債	245,767

【業績】(百万円)	売上高	営業利益	経常利益	純利益	1株益(円)	1株配(円)
連14. 3	614,567	27,624	19,072	33,918	135.1	0
連15. 3	769,304	5,147	1,864	▲12,270	▲20.4	0
連16. 3	989,115	16,710	▲12,934	▲31,840	▲52.9	0
連17. 3	884,440	18,502	▲8,871	▲31,664	▲52.7	0
連18. 3	717,522	▲61,749	▲93,658	▲247,231	▲411.1	0
連19. 3	636,661	▲30,989	44,153	▲109,433	▲131.8	0
連20. 3予	600,000	▲35,000	▲51,000	▲125,000	▲147.7	0
連21. 3予	550,000	▲3,000	▲18,000	▲20,000	▲23.6	0
連19.4〜9	237,762	▲35,620	▲43,790	▲108,672	▲128.4	0
連20.4〜9予	220,000	▲10,000	▲18,000	▲20,000	▲23.6	0

　ある上場会社の社長は、「一般株主には配当性向30％ほどで満足してもらえるよう株主総会で説得に努めている。ただ、そうした配当30％分を差し引いた残り70％が内部留保ということで、『利益剰余金を貯め込んでいる』と物言う株主に目をつけられないよう、気をつけている」と話します。

　逆に、純利益が赤字続きの会社では、利益剰余金はどんどん目減りし、さらにはマイナスの幅が拡大、ついにはこれまでの蓄積を食い潰し、自己資本がマイナスつまり債務超過へ陥ってしまいます（上図）。こうした事態に陥ることがないよう、利益剰余金が十分かどうかを点検することが重要です。

8 自己資本がマイナスの債務超過は危険状態

純損失が続くなどして利益剰余金のマイナスがかさむと、資産より負債が大きい債務超過に

ここを見てね！

		【株主】			コード
【資本異動】	【株式】				【特色】
	【財務】		【材料欄】	【業績欄】	社 名
		【役員】		【連結事業】	
【特集】	【CF】	【連結】			
【業績】		【配当】	【本社】		
四季報予想			【証券】		
会社予想					

債務超過になると上場廃止の猶予期間入り

　期間利益の赤字が続くと、『四季報』【財務】欄の利益剰余金がマイナスになり、累積損失を抱えている状態となります。さらに赤字が続いて、自己資本そのものがマイナスになると債務超過となります。

　これは、会社が持っている資産より負債のほうが大きくなってしまった状態で、いわば、手持ちの財産をすべて売り払ったとしても借金などの負債を返せない状況です。債務超過になっても資金繰りが維持できている間は、事業は継続できます。ただ、**債務超過が2年度以上続くと原則として上場廃止**が決定してしまいます。

　本決算期末で債務超過に陥った会社は**証券取引所が「上場廃止に係る猶予期間入り銘柄」に指定し、さらにその次の本決算期末でも債務超過となったときは、整理銘柄に指定し、原則1カ月で上場廃止**となります。『四季報』では巻末に「上場廃止リスクがある銘柄一覧」の「上場廃止猶予銘柄」、「整理銘柄」としてまとめています。

　右図はフルッタフルッタ（2586）の2020年新春号記事です。2019年9月末の自己資本は9.7億円のマイナス。材料欄では「【土俵

利益剰余金のマイナスがかさむと債務超過にも

●フルッタフルッタ (2586)

【株式】10/31	1,949千株
単位 100株	優待
時価総額	6.9億円
【財務】<19.9>	百円
総資産	834
自己資本	**▲971**
自己資本比率	—%
資本金	709
利益剰余金	▲2,429
有利子負債	1,605

予想配当利回り	—%
1株純資産(円)<19.9>	
▲498.0(▲397.7)	

> 2016年3月期以降赤字が続いているため、2019年9月末時点の自己資本は▲9.71億円と10億円弱のマイナスに。1株純資産も▲に

2010年代に債務超過で「退場」とされたのは5社

上場廃止年	会社名
2010年	モリシタ
	総和地所
2016年	イーター電機工業
	MAGねっとホールディングス
2017年	T&Cメディカルサイエンス

(注)『四季報』巻末の「上場廃止（予定）会社一覧」掲載会社のうち、2010〜2019年に債務超過基準該当を直接的理由として上場廃止となった会社

> 本決算期末での債務超過が**2年度続く**と**上場廃止**になる。『四季報』巻末の**上場廃止（予定）会社一覧**に上場廃止となる理由とともに掲載している

上場廃止（予定）会社一覧

[必見！証券取引所の開示資料から集計]
上場廃止リスクがある銘柄一覧

【特設注意市場銘柄】

【監理銘柄】

> 本決算期末の債務超過が1年度目の会社は巻末「上場廃止リスクがある銘柄一覧」の「上場廃止猶予銘柄」に掲載される。2年度目も業績回復が遅れ、2期連続して債務超過懸念が高まると、「監理銘柄（確認中）」に掲載される

債務超過は、手持ちの全財産を売り払っても借金などの負債を返せない状況

際】前期末債務超過で上場廃止の猶予期間入り。期限の20年3月期末までに10億円規模の増資」などを検討と解説しました。フルッタフルッタは結局、ファンドの資金注入を受け、2020年3月期末に「債務超過解消（見込み）のお知らせ」のリリースを出しましたが、まさに土俵際でした。

キャッシュフローで安全性を調べる

【キャッシュフロー】欄も併せ見て、現金の出入りはどうなっているのか、資金繰りの安全性を確認しよう

ここを見てね！

【資本異動】	【株式】【財務】	【株主】			コード
			【材料欄】	【業績欄】	【特色】【連結事業】 社 名
		【役員】			
【特集】	【CF】	【連結】			
【業績】四季報予想会社予想		【配当】	【本社】【証券】		

CFはうそをつかない

　損益計算書（PL）が1年間の売上高や利益を表すのに対して、キャッシュフロー計算書（CF）は1年間のおカネの流れを表しています。

　製品が売れても、代金がすぐに入金されるわけではありません。メーカーの場合、売掛金の回収に数カ月かかることはザラにあります。

　「期間中の損益を表すPLはうそをつくが、実際のおカネの出入りを表すCFはうそをつけない」といわれます。CFは操作するのが難しいためです。実際のおカネの流れを示すCFをよく見ることで、PLからだけではわからない会社の実態を把握できるのです。

　『四季報』は営業CF、投資CF、財務CF、現金同等物の4項目を掲載しています。本業で得られるおカネを示すのが営業CF、工場や土地、有価証券などの売買によるおカネの出入りが投資CF、銀行からの借り入れや返済、増資による資金調達、配当などによるおカネの出入りを示すのが財務CF、そしてその結果残るのが期末の現金同等物

【業績】だけ見ていては、安全性はわからない

【業績】(百万円)	売上高	営業利益	経常利益	純利益	1株益(円)	1株配(円)
連15. 3*	540,153	32,415	37,928	33,091	400.3	50
連16. 3*	490,314	18,594	11,366	6,609	76.1	50
連17. 3*	451,627	2,545	▲2,366	4,691	54.0	50
連18. 3	438,026	7,721	8,515	5,891	67.9	50
連19. 3	441,452	17,522	15,477	8,405	97.2	50
連20. 3予	462,000	18,700	15,700	14,100	163.0	50
連21. 3予	450,000	18,700	15,700	11,000	127.1	50

【配当】	配当金(円)
16. 9	2
17. 3	30
17. 9	20
18. 3	30
19. 3	50
20. 3予	50
21. 3予	50

キャッシュフローは雄弁だ！

【業績】欄だけだと2019年3月期の**営業大幅増益に見える**が……

同じ期の**営業CFの流入は63億円と、前期比で大幅減少**。投資CFの流出の120億円と比べても、半分しか賄えていない

【キャッシュフロー】	(億円)
営業CF	63（ 155）
投資CF	▲120（▲104）
財務CF	▲129（▲115）
現金同等物	268（ 454）

です。

　上図の会社では、2019年3月期の営業利益は前期比2倍以上に増えていますが、2019年3月期の営業CFは前期比で半減しています。また、営業CFの流入では投資CFの流出の約半分しか賄えなかったことがわかります。1期だけならまだしも、数年こうした状態が続くようなら、本業が不調であるシグナルかもしれません。一般に安全性の指標として、**営業CFが増えること、営業CFの流入で投資CFの流出を賄えることが望ましい**とされます。

　なお、金融市場が混乱すると、会社は借り入れをしてでも資金の確保を優先します。こうしたときもCFに注目してください。【財務】欄では有利子負債の額が増え自己資本比率の数値が低下するなどの悪化が見られても、財務CFの額の増加が**現金同等物**の額を押し上げますので、【キャッシュフロー】を見れば安全性を確認できるのです。

10 信用格付けで安全性を確認しよう

『四季報』巻末に掲載している主要4社による信用格付けの一覧表も併せ読み、安全性をチェック！

ここを見てね！

（目次の一部を抜粋）

安全性を社債の「信用格付け」で点検

　会社の安全性を見る代表的な物差しの1つとして格付けがあります。格付けとは、専門の信用格付け会社が、会社のおカネを生み出す力に着目し、社債など債務の元本や利息をきちんと支払うことができるかどうか、**会社の信用力をひと目でわかるように表した記号**です。

　国内には**4つの主要格付け会社**があります。S&P（スタンダード・アンド・プアーズ）、ムーディーズ、日本格付研究所、格付投資情報センターです。『四季報』では巻末に一覧表を掲載しています。記号の意味は、格付け会社によって異なりますが、おおむね、AAA（Aaa）の通称トリプルエー格を最上位として、以下、AA、A、BBB、BB、B、CCC、CC、C、Dの順になっています。このうち**BBB格までは投資適格**とされ、BB格以下は信用力に懸念があるジャンク債です。

　格付けにはプラス（＋）やマイナス（－）などの記号を付加して、よりきめ細かく評価をすることがあります。また、ポジティブ（ポ）・安定的（安）、ネガティブ（ネ）などと、中期的な方向を示す場合もあります。

BBB格までが投資適格

(2019年11月21日時点の信用格付け)

コード	社名	S＆P	M	JCR	R&I
6753	シャープ	BB-(安)		BB+(安)	BB+(安)
6754	アンリツ				A-(安)
6755	富士ゼネ				A-(安)
6758	ソニー	A-(安)	Baa2(ポ)	A+(ポ)	A(ポ)
6762	TDK	A-(安)	A3(安)		A+(安)

S&P、ムーディーズ、日本格付研究所（JCR）、格付投資情報センター（R&I）の格付けを掲載

プラス（＋）やマイナス（ー）、1、2、3の符号がつき、信用リスクの度合いがよりきめ細かくわかる

コロナショックのように信用リスクが高まったとき、格付けが注目される

主な格付け記号と定義の大意

AAA	信用力が最も高く、債務履行の確実性が最も高い
AA	信用力が極めて高く、債務履行の確実性は非常に高い
A	信用力は高く、債務履行の確実性が高い
BBB	信用力は十分で、債務履行の確実性は認められるが、今後環境が変化したときには注意すべき要素がある
BB	信用力に当面問題はないが、将来環境が変化した場合、注意すべき要素がある
B	信用力に問題があり、債務履行の確実性に乏しい
CCC	信用力に重大な問題があり、債務履行の確実性に乏しい。債務不履行となる可能性がある
CC	債務不履行となる可能性が高い
C	債務不履行となる可能性が極めて高い
D	実質的に債務不履行になっていると判断される

　一般に株価は会社の利益の伸びなど成長性に着目するのに対して、格付けは会社の信用力を見るものです。したがって、格付けと株価の高安は一致するものではありません。

　ただし、リーマンショックやコロナショック時のように**信用リスクが高まったときは、状況が一変する**ことがあります。投資家が信用リスクを重視するようになるため、ある会社の格付けが下げられると、それに反応して株価が下落することもあるのです。

11 疑義注記や重要事象 とは何か？

『四季報』の巻末にある「独自調査 『企業の継続性』にリスクがある会社 一覧」でも安全性をチェック！

ここを 見てね！

（目次の一部を抜粋）

リスク注記の有無を必ず確認

　会社が公表している財務諸表は、今後も会社が永続的に事業を続ける前提で作られています。たとえば貸借対照表（BS）に、工場の建物や機械が計上されている場合、これらの資産は今後も会社に利益をもたらすことを前提に評価されているのです。これを**継続前提（ゴーイングコンサーン）**といいます。ところが、中には事業の継続が難しくなる会社もあります。赤字が続いていたり、売上高が著しく減少したり、債務の返済が難しくなったり、巨額の損害賠償負担が発生する可能性が出てきたり、ブランドイメージの著しい悪化などが生じたり……。こうしたときは、**経営者と監査法人に、継続企業の前提に関して検討することが義務づけ**られています。

　検討の結果、問題がある場合は、決算短信や有価証券報告書に「継続前提に重要事象」「継続前提に疑義注記」という記載をすることで、危険信号を発します。疑義注記、重要事象と聞くと難しく感じるかもしれませんが、**重要事象は黄色信号、疑義注記はより強い注意信号**だと考えることができます。『四季報』では、疑義注記、重要事象がつい

経営破綻リスクの重要サイン

2010年代に倒産で上場廃止となったのは27社

財務諸表は会社が翌年度も継続することを前提に作成されている。その前提が揺らぐと、黄色信号を示す「**重要事象**」、より厳しい注意を促す「**疑義注記**」がつく

民事再生法の適用申請後もJASDAQの特例により上場を維持したまま経営再建した事例や、企業存続型の手続きが選択される事例もある。とはいえ、倒産のリスクは早めに察知したい。巻末の「**上場廃止（予定）会社**」も確認しよう

上場廃止年	会社名	上場廃止理由
2010年	日本航空	会社更生法申請
	CRE	民事再生法申請
	アーム電子	民事再生法申請
	武富士	会社更生法申請
	大和システム	民事再生法申請
	TCBホールディングス	自己破産
	ラ・パルレ	民事再生法申請
2011年	シルバー精工	銀行取引の停止
	中小企業信用機構	民事再生法申請
	セイクレスト	自己破産
	インネクスト	自己破産
	サンシティ	民事再生法申請
2012年	エルピーダメモリ	会社更生法申請
	山水電気	民事再生法申請
	NISグループ	民事再生法申請
2012年	クレスト・インベストメンツ	民事再生法申請
	シコー	民事再生法申請
	サクラダ	自己破産
2013年	東京カソード研究所	民事再生法申請
	インデックス	民事再生法申請
	ワールド・ロジ	自己破産
2015年	スカイマーク	民事再生法申請
	江守グループホールディングス	民事再生法申請
	第一中央汽船	民事再生法申請
2017年	タカタ	民事再生法申請
2018年	日本海洋掘削	会社更生法申請
2019年	シベール	民事再生法申請

（注）『四季報』巻末の「上場廃止（予定）会社一覧」掲載会社のうち、2010〜2019年に倒産を理由として上場廃止となった会社

 記載がついた会社がすべて上場廃止になるわけではないが、危険信号として注意しておくとよい

ている会社は、材料記事で言及しています。同時に、巻末にはこうした記載がついた会社を一覧にしています。

▶ バリュー（割安）株を 探してみよう

直近の株価で算出したPER、PBRで
割安株を見つけ出そう

低PER・低PBR銘柄を絞り込む

バリュー株投資とは、**業績が安定していて、財務体質も健全ながら普段は投資家に過小評価されている割安銘柄に投資する手法**です。市場から放置されているのであまり目立たない地味な銘柄が多いですが、何らかの材料やイベントをきっかけに見直し買いが入って急騰することもあります。

割安さを測る指標は数々ありますが、代表的なものとしてPER（株価収益率）、PBR（株価純資産倍率）、配当利回り、さらには株主優待利回りといったものがあります。**PERは業績、PBRは純資産から見た割安さを測る指標**です。配当利回りは配当額、株主優待利回りは金額換算した株主優待から見た割安さを測ります。

『四季報オンライン』のスクリーニングでは、これらの指標から銘柄を絞り込むことができます。**編集部おすすめ**から**よく使われる条件**にカーソルを当てると、**株価が割安**という項目を見つけられます。そこにカーソルを当てると、今度は**PERが低い**、**PBRが低い**という2つの絞り込み条件が出てきます。

ここで**PERが低い**を選択するとします。すると、PER12倍未満、今期営業増益見通し、13週移動平均線からの乖離率が0％以上とい

投資指標が割安な銘柄を探そう

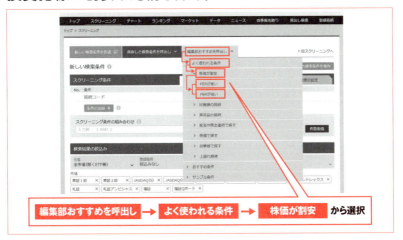

編集部おすすめを呼出し ➡ よく使われる条件 ➡ 株価が割安 から選択

う条件をクリアした銘柄のうち、PERが低い順に銘柄が並んで表示されます。また**PBRが低い**を選ぶと、PBR0.8倍未満、今期営業増益見通し、13週移動平均線からの乖離率が0％以上という条件をクリアした銘柄のうち、PBRが低い順に銘柄が並んで表示されます。

　これらはあくまで編集部が事前に用意した条件設定ですので、条件の追加・削除や数値の設定は自由に変えることができます。

配当利回り・優待利回りが高い銘柄を絞り込む

　編集部おすすめ→よく使われる条件→配当や株主優待で探すと進むと、**配当利回りが高い、株主優待利回りが高い**の2条件が出ます。

　配当利回りが高いを選択すると、配当利回り3％以上、今期営業増益見通しの銘柄の中から配当利回りが高い順に銘柄が並んで表示されます。**株主優待利回りが高い**を選ぶと、株主優待利回りが2％以上、自己資本比率（前期）が30％以上の銘柄のうち、株主優待利回りが高い順に銘柄が並びます。

銀行や証券は独特な自己資本比率を把握

銀行は自己資本比率と不良債権の金額を、証券については業界独特の自己資本規制比率を確認しよう

ここを
見てね！

【資本異動】	【株式】	【株主】		【材料欄】	【業績欄】	【特色】【連結事業】	コード 社 名
	【財務】						
		【役員】					
【特集】	【CF】	【連結】					
【業績】四季報予想会社予想		【配当】	【本社】【証券】				

一般企業とは違う視点が必要

　銀行業については、金融緩和による利ザヤ縮小などの逆風に見舞われる一方で、経営統合や協業が注目されてきました。SBI証券などを傘下に擁するSBIホールディングス（8473）による、地方銀行との相次ぐ資本業務提携もなされています。

　決済システムの一翼を担い、ことに預金受け入れ金融機関である銀行は、もし経営破綻したときの社会的な影響が極めて大きく、金融庁による監督を受けています。

　『四季報』では銀行業に特有の項目を掲載しています（右図）。銀行の規模を示す指標の1つであって預金・譲渡性預金の期末残高である**資金量**、金融再生法基準開示債権の額である**不良債権**のほか、貸出金や有価証券などについての**総資金利ザヤ**（原則国内業務部分）の数値を掲載している銀行もあります。

　そして安全性の最も重要な指標として、一般事業会社と同様な自己資本比率（小数点以下第1位まで掲載）の下方に、銀行業に特有な自己資本比率（小数点以下第2位まで掲載）の数値を掲載しています。国際業務

銀行は自己資本比率、証券会社は自己資本規制比率を見る

●三菱UFJフィナンシャル・グループ
（8306）

【財務】〈連19.9〉　百万円
総資産　　　314,480,055
自己資本　　16,803,169
自己資本比率　　　5.3%
資本金　　　　2,141,513
利益剰余金　11,113,789
自己資本比率(BIS)　16.64%
資金量　　　225,691,139
不良債権　　　　656,259
総資金利ザヤ　　‥%

●野村ホールディングス（8604）

【財務】〈◎19.9〉　百万円
総資産　　　45,677,106
自己資本　　　2,707,878
自己資本比率　　　5.9%
資本金　　　　　594,493
利益剰余金　　1,638,347
有利子負債　　9,186,700
預かり資産　114,800,000
野村證券
自己資本規制比率 274.0%

 銀行は不良債権比率も気にしておきたい

を行う銀行に適用されるBIS基準の数値の場合は「BIS」、国内業務だけを行う銀行に適用される国内基準の数値の場合は「国内」とカッコ内に付記してあります。

　証券会社についても、『四季報』では業界に特有な項目を掲載しています。

　顧客基盤についての規模を示す指標の1つとして、**預かり資産**の数値を掲載しています。

　そして安全性の最も重要な指標として、一般事業会社と同様な自己資本比率の数値の下方で、【財務】欄としては最下行となる位置に、証券会社の健全性を示す指標である**自己資本規制比率**の数値を掲載しています。原則として自己資本規制比率は単独ベースの数値であるため、どの証券会社についての数値であるかを、必要に応じて付記しています。

13 生保や損保は支払余力比率を確認

生命保険会社と損害保険会社は【財務】欄に掲載された業界独特の「支払余力比率」をチェック!

ここを見てね!

【資本異動】	【株式】	【株主】		コード
	【財務】		【材料欄】	【業績欄】【特色】【連結事業】 社 名
		【役員】		
【特集】	【CF】	【連結】		
【業績】四季報予想会社予想		【配当】	【本社】【証券】	

生命保険会社については支払余力比率を確認

生命保険会社にとって、安全性を見るうえで最も重要な指標が**ソルベンシー・マージン (SM) 比率**です。『四季報』では【財務】欄に支払余力比率として記載しています。

保険会社は、将来の保険金支払いに備えて、責任準備金を積み立てています。通常のリスクはこれで対応しますが、予測を超える大規模な損害が発生した場合に対応する余力を示すのがSM比率で、ソルベンシー・マージン総額 (有価証券の含み益などを含む広義の自己資本額) ÷ (リスク合計額×1/2) で算出します。SM比率の分水嶺は200%で、下回ると早期是正措置が発動されるので要注意です。

生命保険会社の規模を表す指標としては、年間の契約高である**新規契約高**と、決算期末時点の契約残高である**保有契約高**があります。

また、生保では**逆ザヤ額**も記載しています。これは生保が契約者に約束している利息額 (予定利率) を実際の運用収益が下回った場合の差額です。生保による株式などの運用は巨額で、有力な機関投資家でもあります。逆ザヤになっていないか確認が必要です。

支払余力比率（ソルベンシー・マージン比率）をチェック！

●第一生命HLD（8750）

【財務】〈連19.9〉 百万円	
総資産	60,174,533
自己資本	4,324,576
自己資本比率	7.2%
資本金	343,517
利益剰余金	1,150,146
新規契約高〈本〉	4,228,062
保有契約高	162,615,655
逆ザヤ額〈本〉	0
支払余力比率	936.5%

●MS&ADインシュアランスグループHLD（8725）

【財務】〈連19.9〉 百万円	
総資産	23,740,192
自己資本	2,907,713
自己資本比率	12.2%
資本金	100,000
利益剰余金	1,083,089
〈単〉運用資産	9,366,200
資産運用利回〈本〉	‥%
事業費率31.8% 損害率55.6%	
支払余力比率	764.6%

生保・損保業界にも
独特の安全性基準が存在する

損害保険会社についても支払余力比率を確認

　損害保険会社の規模を表す指標としては、**運用資産**があります。これは、預貯金、有価証券、不動産など幅広い資産を合計したものです。また、収益性を示す指標として事業費率と損害率を掲載しています。**事業費率**は、正味収入保険料に占める集金費、営業費、一般管理費の比率で、率が低いほど効率性が高いことを意味します。**損害率**は、正味収入保険料に占める支払保険金、損害調査費の比率です。

　損害保険会社でも、安全性を見るためにSM比率を重視します。なお、生命保険会社の場合、連結決算ベースの数字を掲載していますが、損害保険会社は原則、単独決算ベースの数字を掲載しています。たとえば傘下に三井住友海上火災保険とあいおいニッセイ同和損害保険を擁する業界首位級のMS＆ADインシュアランスグループHLD（8725）では、三井住友海上火災保険のSM比率を掲載しています。

第6章

株価を動かす要因はこれだ！

外国人、機関投資家に人気の銘柄とは?

【株主】欄で、外国人や機関投資家に人気かがわかる。機関投資家がフォローしていない中小型成長株を発掘するのも一法に

ここを見てね!

【資本異動】	【株式】【財務】	【株主】		【材料欄】	【業績欄】	[特色][連結事業]	社名
		【役員】				コード	
【特集】	【CF】	【連結】					
【業績】四季報予想会社予想		【配当】	【本社】【証券】				

日本の株式市場の「主役」は外国人投資家

　現在、日本の株式市場はどんな投資家が動かしているのでしょうか。1990年代後半、日本市場は株式の持ち合いが大きく崩れ、代わって外国人投資家の持株比率が増えました。現状、日本の株式市場における外国人投資家の持株比率は約3割、売買代金に占めるシェアは6割を超えています。"日本"市場といっても、**相場を大きく動かす主役は外国人投資家**なのです。

　そのため、日本市場は、外国人投資家の動向を分析しなくては先行きを見通すことはできません。外国人投資家とは、外国国籍の個人投資家や、外国の法律により設立された法人を指しますが、ヘッジファンドなど短期売買を主体とする投資家から、欧米の年金基金や投資信託など長期運用を柱とする投資家まで、その顔ぶれは多彩です。オイルマネーを扱う産油国や、中国政府系の投資ファンドなどを含めて巨額の資金を擁する投資家も多いため、大きな影響力があります。

　一般的に**外国人投資家は時価総額が大きく、流動性の高い主力企業や高収益企業、配当や自己株買いなど株主還元に積極的な企業、ガバ**

バックナンバーを使って分析しよう!

●リクルートHLD (6098)
2019年新春号

【株主】⑩44,124名〈18.9〉 ㍽
日本マスター信託口
　　　　12,449(7.3)
凸版印刷　11,310(6.6)
日本トラスティ信託口
　　　　 8,831(5.2)
電　通　　6,300(3.7)
大日本印刷 5,810(3.4)
自社グループ社員持株会
　　　　 4,289(2.5)
㈱TBSテレビ 3,333(1.9)
日本テレビ放送網 3,333(1.9)
NTTデータ 3,150(1.8)
日本トラスティ信託口5
　　　　 2,770(1.6)
〈外国〉25.6%〈浮動株〉1.4%
〈投信〉10.6%〈特定株〉37.9%
【役員】⑪峰岸真澄 ⑪池内
省五 左川恵一 R.カーン
泉谷裕　木ト 十時裕樹 ㈱㊑
長嶋ト紀子 藤原章一 ㈱井
上広ト ト 西浦泰明ト
【連結ト リクルート

○○生命保険、□□信
託口などの株主が多け
れば、株価や増配に対
するプレッシャーが強
いと考えられる

1年前と比較して、外
国人投資家の比率が増
えている

●リクルートHLD (6098)
2020年新春号

【株主】⑪57,240名〈19.9〉 ㍽
日本マスター信託口
　　　 13,474(7.9)
日本トラスティ信託口
　　　　 8,710(5.1)
凸版印刷　 7,260(4.2)
JPモルガン・チェース・バ
ンク 380255 6,465(3.8)
電通グループ 5,355(3.1)
大日本印刷 4,010(2.3)
自社グループ社員持株会
　　　　 3,843(2.2)
㈱TBSテレビ 3,333(1.9)
日本テレビ放送網 3,333(1.9)
日本トラスティ信託口7
　　　　 3,078(1.8)
〈外国〉33.7%〈浮動株〉1.7%
〈投信〉11.2%〈特定株〉36.4%
【役員】⑪峰岸真澄 ⑪池内
省五 ㈱木人久征 佐川恵一
R.カハン 泉谷直木ト 十時
裕樹ト ト ト巻末
【連結ト リクルート

**親子・提携関係と同時に、外国人比率、
機関投資家のチェックも忘れずに!**

ナンスを重視する企業などに投資する傾向があります。外国人持株比率が上昇している会社に注目してみるのもよいでしょう。

バックナンバーを活用し、注目企業を分析!

『四季報』では、【株主】に〈外国〉として、**外国人投資家の持株数が発行済み株式数に占める比率（外国人持株比率）を掲載**しています。第2四半期（中間期）と決算期末でデータを更新しますが、この数字が増えている会社は、外国人投資家の間で存在感が高まっている会社だといえます。

2014年に上場したリクルートホールディングス（6098）は、『四季報』2020年新春号の外国人持株比率は33.7%と、1年前の25.6%から上昇しました。同社は販促メディア「ホットペッパー」や、米国

第6章
株価を動かす要因はこれだ!

の求人情報検索エンジン「インディード」などを柱に業績を伸ばしています。

　多彩なサイドメニューが話題になる回転ずし首位・スシローグローバルホールディングス（3563）も、外国人投資家の比率が高まっている銘柄の1つです。『四季報』2020年新春号の外国人持株比率は45.3％と、1年前の24.5％から大幅に上昇しています。新規出店も着実に進めており、毎期のように増収増益を達成している好調企業です。

　右図は、2020年新春号で外国人比率が上昇した主な会社です。モバイル関連事業を展開するサン電子（6736）は、1年前に比べて外国人比率が2割以上も上昇しています。ERP（統合基幹業務システム）の導入コンサルティングを主力とするジェクシード（3719）や、インターネット広告専業代理店2位のオプトホールディング（2389）、独立系システム構築企業のコムチュア（3844）なども大幅に比率が上がっています。こうした会社のどのような点に外国人投資家が注目したのか、分析してみるとよいでしょう。

機関投資家の動向もチェック

　注意すべき第2の存在は機関投資家です。**機関投資家とは、一般的には銀行や生命保険、損害保険、年金基金、共済組合、農協、政府系金融機関など個人などから集めた資金を分散投資する大口投資家**を指します。

　日本の株式市場の売買代金に占めるシェアは1割を下回っていますが、大量の資金を運用しているため、市場に与える影響も大きいものがあります。機関投資家は、専門家として安全かつ長期で高利回りを確保するように運用しています。中長期投資に向けて安定的な会社を見つけたいときは、機関投資家の動きが参考になります。

外国人比率が一気に上昇することもある

コード	社名	2019年新春号	2020年新春号
6736	サン電子	15.6%	40.8%
3563	スシローグローバルHLD	24.5%	45.3%
3719	ジェクシード	1.4%	18.9%
2389	オプトホールディング	16.5%	30.9%
3844	コムチュア	17.9%	28.3%
6541	グレイステクノロジー	17.8%	23.9%
3998	すららネット	6.4%	12.5%
4331	テイクアンドギヴ・ニーズ	18.6%	24.3%
9681	東京ドーム	16.8%	22.1%

 サン電子とスシローグローバルHLDは1年前に比べて20%以上も上昇した。ジェクシードの上昇率も高い

隠れた成長企業を先回り買いしよう!

　機関投資家が保有している株式の状況は【株主】で確認できます。株主の上位に「○○生命保険」「□□信託銀行信託口」などの表記が並んでいる会社は、機関投資家が投資していると判断できます。

　【株主】の〈投信〉には**発行済み株式数に占める投資信託の持株比率を掲載**しています。投資信託が占める比率が高い会社は、機関投資家が好みやすい会社と考えてよいでしょう。

　中小型株の中には業績が拡大し、今後さらなる成長が期待される会社であっても、外国人投資家や機関投資家がまだフォローしきれていない会社が多く残されています。すべての上場企業を掲載している『四季報』を活用し、外国人投資家や投信の持株比率がまだ低い企業の中から成長企業、優良企業を発掘できれば、先回り買いのチャンスになります。

▶ 大株主の動きを見て 投資の参考にする

動向が注目されるあの大株主を
検索してウォッチしよう

アクティビストが買った銘柄をチェック

モノ言う株主（アクティビスト）が、株価を大きく動かすケースが見られます。アクティビストの要求は配当の増額、事業構造の転換、役員の退任などさまざまですが、要求が通らなければ株を買い増すなどして圧力をかけることもあります。アクティビストに目をつけられたこと自体が買い材料とされたり、会社側も防衛のために株高対策を行うこともあるので、こうした動きを注視したいところです。

『四季報オンライン』で、アクティビストがどのような銘柄を保有しているか探す方法がいくつかあります。

まずは、**トップページ上部中央の検索窓に直接、株主名を打ち込む方法**です。例えば旧村上ファンド系の「レノ」と打ち込んでみます。すると「大量保有速報」の欄に「（100件以上）」と表示されます。

大量保有報告書とは、ある銘柄の株式を5％以上保有していて、その保有割合が1％以上増減した場合、新規に5％以上保有した場合などに、5営業日以内に金融庁に売買報告することを義務づけたものです。この報告書を見ると大口投資家の最新動向がわかります。『四季報オンライン』では検索結果に過去の履歴も表示されるので、検索した株主がどの銘柄に投資した後どうしたのかも知ることができます。

大量保有速報の見方

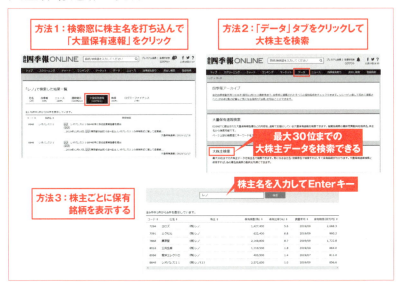

　また、メニューの「データ」をクリックすると「大株主検索」という項目が出てきます。**大株主検索の空欄に株主の名前を入力して検索**すると、その株主が保有している銘柄一覧が出てきます。大株主検索はプレミアムプランへの加入が必要です。

大株主上位30位まで検索できる

　検索に引っかかるのは、保有株比率が上場会社の上位30位までにランクインしている株主です。上場会社の開示義務は上位10位までですが、**東洋経済では独自に各社の上位30位までの大株主を調査**しています。アクティビスト以外にも著名な個人投資家の保有銘柄を調べるのに便利です。調査への回答は任意ですので、すべての会社について30位までの大株主が判明しているわけではありませんが、多くの会社から回答を得ています。

<table>
<tr><td>2</td><td colspan="2"># サプライズを察知！
業績予想を先取り</td></tr>
</table>

欄外の前号比修正矢印と😊マークで、前号からの変化と会社計画との違いが一目瞭然。【四半期進捗率】を使えば先回り買いも可能に

ここを見てね！

【資本異動】【株式】【財務】	【株主】	コード	【特色】【連結事業】 【業績欄】 社名 【材料欄】	前号比修正矢印　会社予想比マーク
【特集】【CF】	【役員】【連結】			
【業績】 四季報予想 会社予想	【配当】	【本社】【証券】		

サプライズを見つける「武器」とは?

　株式市場は、**サプライズに反応しやすい**という特性があります。業績予想がそれまでの減益見通しから増益予想となった場合はポジティブ・サプライズとして、しばしば株価の上昇につながることがあります。

　こうした予兆を『四季報』から探す際、武器になるのが前号比修正矢印と会社予想比マークです。どちらも銘柄ページの欄外、偶数ページでは社名の右、奇数ページでは株価欄の左に掲載しています。

　前号比修正矢印は、営業利益予想を前号と今号で比較して、変化率が30%以上の増額は「↑↑大幅増額」、5%以上30%未満の増額もしくは損益ゼロからの黒字転換は「↑前号比増額」、5%未満の増減額は「→前号並み」としています。逆に、5%以上の減額もしくは損益ゼロからの赤字転落は「↓前号比減額」、30%以上の減額は「↓↓大幅減額」をつけています。銀行や証券会社などは経常利益予想で比べています。

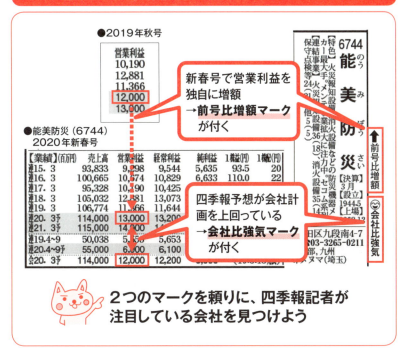

強気な四季報予想で灯る2つのアラーム

●2019年秋号

営業利益
10,190
12,881
11,366
12,000
13,000

新春号で営業利益を独自に増額
→前号比増額マーク が付く

6744 能美防災

【特色】火災報知設備、カー最大手。メンテ【連結事業】保守点検等24（21）、火災報知設備36（18）、消火設備5（5）、他5（5）【決算】3月【設立】1944.5【上場】

●能美防災（6744）
2020年新春号

【業績】（百万円）	売上高	営業利益	経常利益	純利益	1株益（円）	1株配（円）
連15. 3	93,833	9,298	9,544	5,635	93.5	20
連16. 3	100,665	10,574	10,829	6,633	110.0	22
連17. 3	95,328	10,190	10,425			
連18. 3	105,032	12,881	13,073			
連19. 3	106,774	11,366	11,644			
連20. 3予	114,000	13,000	13,200			
連21. 3予	115,000	14,000				
連19.4~9	50,038	5,156	5,653			
連20.4~9予	55,000	6,000	6,100			
連20. 3予	114,000	12,000	12,200			

四季報予想が会社計画を上回っている
→会社比強気マーク が付く

↑前号比増額

☺会社比強気

2つのマークを頼りに、四季報記者が注目している会社を見つけよう

会社計画よりも強気か弱気か

会社予想比マークは会社の計画に対して、四季報予想が強気か、弱気かを表すマークです。

このマークは2014年秋号から掲載しています。直近の営業利益予想を対象に、『四季報』が会社計画より強気で30％以上乖離しているときは「☺☺大幅強気」、3％以上30％未満の乖離や、営業損益ゼロの会社計画に対して黒字予想としているときは「☺会社比強気」と表しています。

一方、『四季報』が会社計画より弱気で、30％以上乖離していると

きは「😣😣大幅弱気」、3%以上30%未満の乖離や、営業損益ゼロの会社計画に対して赤字予想としているときは「😣会社比弱気」と表しています。

このように、前号からの変化は前号比修正矢印で、会社計画との違いは会社比強気・弱気マークでわかります。「↑↑大幅増額」「↑前号比増額」と「😊😊大幅強気」「😊会社比強気」マークの両方がついている会社は、お宝銘柄の有力候補といえるでしょう。

ただ、好業績が株価にすでに織り込まれている場合は、上方修正の発表で「材料出尽くし」「利益確定売り」となり、株価が下落するケースもあるので注意が必要です。

四半期決算もチェック

全上場会社は2003年4月以降に始まった事業年度から、四半期決算の開示を義務づけられています。その点、『四季報』は1936年の創刊時から年4回発売しており、四半期決算時代に先行してきたといえます。

現在の『四季報』は、【業績】に本決算と第2四半期決算（中間決算）に加え、直近で第1・3四半期決算が発表されている際は、前年同期の四半期決算と合わせて2期分の実績を掲載しています。

この際、注目したいのが【四半期進捗率】です。会社の通期営業利益計画に対して、直近に発表された四半期（累計）の進捗度合いを％で示しています。

3期平均とあるのは、過去3期分の通期実績における進捗率の平均、その下の行は直近の四半期までの進捗率です。カッコ内でプラス・マイナスと示しているのは3期平均との差で、平均よりも進捗率が大幅に高い場合は上方修正する可能性が高いと考えられます。

ただ、忘れてはならない点は、業態によって季節的な変動要因があ

会社の上方修正を先取りしていた例

四季報が独自に増額し、上方修正を先取りしている会社を見つけよう！

> 2019年12月13日発売の新春号で営業利益を独自増額
> ↓
> 翌月（2020年1月6日）、会社が業績予想の上方修正を発表

【サービス】
【9793】㈱ダイセキ
【特色】産廃処理大手。廃液・廃油の中間処理・リサイクル、土壌汚染調査・浄化処理などとも
【連結事業】環境関連100
〈19・2〉
〒455-8505名古屋市港区船見町1-86
☎052-611-6322
名古屋、北陸、関西、九州、関東、千葉

【増額】産廃物処理業は好伸。汚染処理は好採算案件への注力奏功。鉛リサイクルは材料回収が順調で稼働率向上。土壌汚染処理も好調。21年2月期は産廃物増益幅拡大。最高純益。増配も。前号比で営業増益幅拡大。

↑前号比増額
Ⓐ会社比強気

【決算】2月
【設立】1958.10
【上場】1995.7

●ダイセキ（9793）

【業績】(百万円)	売上高	営業利益	経常利益	純利益	1株益(円)	1株配(円)
連15. 2	45,738	7,302	7,436	4,035	89.6	24
連16. 2	50,809	7,849	7,955	3,847	85.8	28
連17. 2	44,232	7,120	7,228	4,132	95.8	29
連18. 2	49,185	8,777	8,914	5,833	136.5	40記
連19. 2	51,313	9,107	9,199	6,110	142.9	46
連20. 2予	53,500	10,700	10,800	7,000	163.6	46~48
連21. 2予	55,000	11,500	11,600	7,500	175.3	46~50
連19.3~8	26,892	5,471	5,554	3,564	83.4	23
連20.3~8予	27,500	6,000	6,000	4,000	93.5	23~25
会20. 2予	53,500	10,100	10,200	6,700	(19.4.4発表)	

るということです。建設業は年度末の3月にビルなどの建築物が竣工することが多く、第3四半期までの進捗は低い水準となることがあります。システム開発業界も年度末に官公庁向けなど案件の計上が集中するため、第3四半期まで赤字という会社もあります。また、一時的な案件の計上で進捗率が大きく変化するケースもあるので、四半期決算は、業種や企業の商慣習などを知ったうえで活用することが大切です。

▶ 会社より四季報予想が 強気な銘柄を探そう

☺マークを探して
会社の業績上方修正を先取り

会社の癖を見抜いて独自予想することも

『四季報』の特徴の１つは、記者による業績の独自予想です。上方修正をしそうな銘柄を先に見つけるのは投資家の醍醐味ですが、その際に手掛かりとなるのが『四季報』の独自予想です。

業績予想には会社計画、アナリスト予想、コンセンサス予想などがあります。ただ、自動車部品など下請け型企業の会社計画は、業績がよすぎると取引先から値下げ要請されたりするので、控えめに発表する傾向があります。その反対に業績不振が続いている会社は、期初に楽観的な計画を発表して、期中に下方修正を繰り返すケースもあります。

アナリスト予想の多くはセルサイド（＝証券会社）という立場上、強気予想のバイアスがかかることがあります。また、アナリストはすべての銘柄をカバーしているわけではありません。複数のアナリスト予想の平均値で算出されるコンセンサス予想も同様です。

その点、『四季報』の予想は上場会社全社を、誰とも利害関係のない記者がウォッチしています。予想を立てるときは会社計画も参考にしますが、**マクロ景気や為替の動き、業界動向、原燃料市況などを総合的に考慮し**、会社計画の癖なども勘案したうえで記者が作った予想

四季報予想と会社計画の乖離率を表示

【業績】

	売上高	営業利益	経常利益	純利益	1株益(円)	1株配(円)
連15.3	84,605	670	667	-524	-23.4	50
連16.3	88,180	2,011	1,866	730	32.6	50
連17.3	88,032	2,558			60.9	50
連18.3	73,457	477			25.8	50
連19.3	74,344	2,206			92.0	50
連20.3予	78,400	5,000	5,300	3,700	165.5	50
連21.3予	79,500	5,600	6,000	4,200	187.9	50~100記
連19.4~9	38,052	2,466	2,766	1,896	84.9	25
連20.4~9予	38,600	2,600	2,800	1,950	87.2	25~75記
会20.3予	74,400	1,500		1,000	-	(19.5.8)

単位は百万円,1株当たり　　　　　　　　業績財務の詳細を見る　配当を見る >

営業増益率 **126.65%** 　最新号比修正率 --　　会社予想乖離率 **233.33%** 😊😊 ❓

を編集者がチェックします。そのため、四季報予想は会社計画と大きく異なることがあります。

　『四季報オンライン』で、四季報予想が会社計画より強気な銘柄を探すには、個別銘柄ページの業績表の右下に**会社予想比マーク**があるかを見てみましょう。

会社予想比マークのチェック方法

　会社予想比マークは、『四季報』の今期の営業利益予想が会社計画より上回っている場合に出現します。乖離率が3~30%未満、または会社計画がゼロで四季報予想が黒字の場合は😊1つ、乖離率が30%以上の場合は😊😊と2つ並びます。具体的にどれだけ乖離しているかは、😊の左側に数値が出ます。

　逆に乖離率がマイナス3~30%未満、または会社計画がゼロで四季報予想が赤字の場合は😣が1つ、乖離率がマイナス30%以下の場合は😣😣と2つ並びます。

　業績欄には会社計画と四季報予想の両方が掲載されています。

3 株主への還元に積極的な会社を探そう

【配当】を見ると、株主還元に積極的な銘柄がわかる。総還元性向を重視する会社も増加しており、自己株買いの動向にも注目を

ここを見てね！

【資本異動】	【株式】【財務】	【株主】		【材料欄】	【業績欄】【連結事業】	コード【特色】社名
		【役員】				
【特集】	【CF】	【連結】				
【業績】四季報予想会社予想		【配当】		【本社】【証券】		

10年以上増配を続ける会社とは?

業績が好調な会社だけでなく、自己株買いや配当など、株主還元に積極的な会社も探したい──。『四季報』を活用すれば、そうした会社を見つけることも可能です。いくつかポイントをチェックしていきましょう。

まずは、1株当たりの配当金を増やす**増配**です。従来、日本企業は配当政策として安定配当を掲げ、業績がよくても悪くても配当を変更しない会社や、配当より内部留保を優先する会社がありました。しかし、現在では、株主還元策として増配を行う会社や業績に応じて増配・減配する会社も増えてきています。

【業績】の1株配（円）は株式分割などを調整した後の、年間の配当の合計額を示しています。この欄で増配が続いているかを確認しましょう。取材で「増配、減配の可能性がある」と判断した場合は、『四季報』が独自に予想することもあります。

現在、日本で**いちばん長く増配を続けている会社は、トイレタリー国内首位の花王（4452）**です。2019年12月期まで30期連続で増配

花王が30期連続増配で断トツ

コード	社名	決算期	連続増配年数
4452	花王	12	30
4732	ユー・エス・エス	3	22
7466	SPK	3	22
4967	小林製薬	12	21
8593	三菱UFJリース	3	21
8566	リコーリース	3	20
9058	トランコム	3	19
9433	KDDI	3	18
9436	沖縄セルラー電話	3	18
8424	芙蓉総合リース	3	18
8439	東京センチュリー	3	18
8113	ユニ・チャーム	12	18
9989	サンドラッグ	3	18
5947	リンナイ	3	18
6869	シスメックス	3	18
7532	パンパシIHD	6	17
2659	サンエー	2	17
8425	みずほリース	3	17
8876	リログループ	3	17

(注)『四季報』2020年新春号時点の今期予想も含む連続増配期間

**連続増配は株主に対する
メッセージの1つ!**

を実施しています。また、中古車オークション運営首位のユー・エス・エス（4732）、自動車用補修部品卸売会社のSPK（7466）も有名で、ともに2020年3月期で22期連続増配となります。3社とも2020年新春号の今期予想が最高益水準にあるなど、着実に業績を伸ばしており、安定感があります。独特な商品名が話題になる小林製薬（4967）、三菱UFJリース（8593）も長期にわたり増配を続けている会社です。

　1株益に対する配当金の比率を示す**配当性向**も重要です。ユー・エ

ス・エスは配当性向50％以上を配当金のメドとして掲げています。明確な配当性向のメドを掲げる会社の場合、業績が会社計画を超過達成すると、配当も引き上げられることが多いようです。

　配当は決算期末にまとめて実施するだけでなく、中間期と期末の年2回実施する会社や、スミダコーポレーション（6817）や光通信（9435）のように、**四半期決算ごとに実施する会社**もあります。

高利回り株は何が魅力？

　増配、配当性向に加えて、予想配当金を株価で割って求める**予想配当利回り**も重要な項目です。高配当利回りの会社は、株式市場全体が下げに転じても下落しにくい傾向があります。配当金が変わらず株価だけが下がれば、相対的に予想配当利回りが上昇し、投資妙味が増すからです。ちなみに、『四季報』では、配当金予想が13〜15（円）などと幅があるときは、低いほうの額で予想配当利回りを算出しています。ただ、高配当利回り株への投資には、注意も必要です。配当を受け取りたいと考える人が多いため、権利付き最終売買日（権利確定日から2営業日前）に向けて株価が上がる傾向がある反面、配当を受け取る権利がなくなる「権利落ち日」以降、下落に転じるケースがしばしば見られます。

自己株買いの動向も押さえよう

　株主還元策としては、自社の株式を利益剰余金などで買い戻す**自己株買い**も注目されます。

　自己株は1株益（当期利益÷発行済み株式数）を計算するときに、分母となる株式数から除かれるので、1株益が増加します。なお、取得した後に会社が保有し続けている自己株は**金庫株**と呼ばれます。『四季報』では金庫株の保有株数や保有比率は【株主】の「自社（自己株口）」

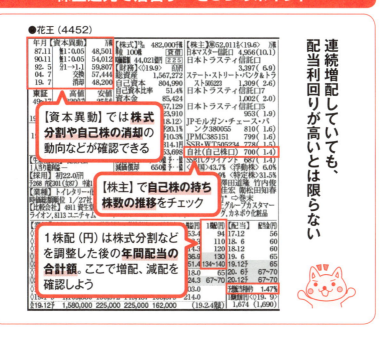

●花王（4452）

連続増配していても、配当利回りが高いとは限らない

【資本異動】では株式分割や自己株の消却の動向などが確認できる

【株主】で自己株の持ち株数の推移をチェック

1株配（円）は株式分割などを調整した後の年間配当の合計額。ここで増配、減配を確認しよう

として掲載されています。

　自己株買いの後に金庫株にするのではなく、自己株式を**消却**すると、株主からさらに評価されます。自己株を取得しただけでは再度市場に流通する可能性もありますが、株式が消却されると再度市場に出回ることはありません。再流通によって株価が下落するリスクはなくなるわけです。

　株主還元を強化する会社が増える中で、配当と自己株買いの合計額を当期純利益で割る**総還元性向**をメドとして示す会社も増えています。増配を続け、高い総還元性向を設定するということは、投資家に対して、積極的に還元していくという会社からのメッセージといえるでしょう。

4 市場テーマで有望銘柄を探そう

テーマ株が人気化したときには、【販売先】や【仕入先】、【比較会社】をチェック。いち早く関連銘柄を探せる

ここを見てね！

【資本異動】	【株式】【財務】	【株主】	【材料欄】	【業績欄】【連結事業】	コード【特色】 社 名
		【役員】			
【業種】【比較会社】	【CF】	【連結】			
【業績】四季報予想会社予想		【配当】	【本社】【仕入先】【販売先】		

サプライズを見つけるとっておきの方法

　会社の長期的な成長力を知るためには、今年度や来年度の業績見通しだけでなく、数年先の業績に影響する可能性があるトピックスにも注目することが大切です。

　株式市場には、つねに**市場テーマ**と呼ばれる旬の話題があります。今後、急成長が見込まれる新規分野（AI［人工知能］、自動運転、eスポーツなど）をはじめ、何らかの特需が見込まれているもの（五輪関係など）、長期的な成長が期待できる分野（介護、医療など）というように、テーマは多岐にわたります。中にはテーマと関わりがあるというだけで、思惑から株価が上昇するケースもあります。

　最近のテーマでは、コンビニなどさまざまな店舗で導入されているキャッシュレス決済や、業務の自動化を意味するRPA（Robotic Process Automation）、2020年代に本格化が期待される次世代通信規格の5Gなどが挙げられます。

　キャッシュレス決済では、メルペイ（メルカリ［4385］系）や、PayPay（ソフトバンクとヤフーの合弁会社）、LINE Pay（LINE［3938］

注目の市場テーマは、いつ頃から業績に影響するのかが大事

●ミライトHLD（1417）

> 携帯の基地局工事などを手がけるミライトHLDは、業績欄に「5G需要拡大」との解説あり。
> 四季報記者は**2021年3月期も順調に成長する**と予想している

1417（株）ミライト・ホールディングス

【決算】3月
【設立】2010.10
【上場】2010.10

【特色】通信工事で3位。中堅3社がNTT向けに主体。10年に経営統合

【連結事業】NTT34、ICTソリューション26、環境・社会15、マルチキャリア25、イノベーション〈19・3〉

【小幅増益】統合3社通期貢献。柱のNTT系は西日本で設備運営業務が拡大。統合に伴うシステム高度化工事も高水準。4GのNTT更改費など販管費増も小幅増益。21年3月期は5G需要拡大。無電柱化工事も増える。

【業績】(百万円)	売上高	営業利益	経常利益	純利益	1株益(円)	1株配(円)
連15. 3	283,747	14,139	14,834	11,108	136.6	30
連16. 3	269,537	6,127	6,735	3,631	44.7	30
連17. 3	283,236	10,061	10,590	6,437	79.8	30
連18. 3	312,967	16,715	17,838	11,504	145.4	35
連19. 3	375,911	20,699	21,992	25,711	295.3	40
連20. 3予	430,000	21,500	23,000	15,000	156.1	40
連21. 3予	450,000	25,000	26,000	16,000	166.5	40～50

系）などのサービス提供会社が、積極的なテレビCMや大規模な還元キャンペーンなどの先行投資を仕掛け、裾野を広げています。RPAは働き方改革の浸透で、大企業だけでなく中小企業でも導入が進んでいます。また、5Gは半導体をはじめ、携帯会社や通信インフラ、スマートフォン関連銘柄などで寄与が期待されています。

　災害復旧などの突発的なものや、五輪関係など期間限定のものもあります。**会社の取り組みとテーマが見事に合致すれば、業績や株価が何倍にも成長するケースもあります**。『四季報』の材料欄をチェックし、有望な会社を見つけ出しましょう。もっとも、テーマ先行で市場が盛り上がっているだけにすぎないことや、テーマに沿っていても業績が伴わない会社も多くありますので注意が必要です。

関連会社も『四季報』で発見できる!

　テーマで注目すべき会社を見つけたら、関連して恩恵を受ける会社も探してみましょう。たとえばゲームは定期的に話題になる市場テーマの1つです。ガンホー・オンライン・エンターテイメント（3765）やミクシィ（2121）は、かつてスマホゲームの大ヒットで驚異的な業績の伸びと株価の上昇を記録したことがあります。

　ここでは日本を代表するゲーム会社、任天堂（7974）を取り上げます。任天堂は2017年発売のゲーム機「スイッチ」が大ヒットとなり、業績を伸ばしました。**注目したいのは、主な取引先を示す【仕入先】【販売先】などの情報**です。【仕入先】にはゲーム機の機構部品を手がけるミネベアミツミ（6479）、組み立てを行うホシデン（6804）が載っています。ホシデンは任天堂向け売上高が6割を占める会社です。2018年3月期には大幅に業績を伸ばすなどスイッチ効果を享受したことがうかがえます。

　任天堂が【販売先】となっている会社を探すと、ゲーム用ミドルウェア大手のシリコンスタジオ（3907）、半導体ファブレスメーカーのメガチップス（6875）、ゲーム連動サービスなどを任天堂と共同開発するはてな（3930）などがあります。任天堂からヒット商品が出た場合、こうした会社も業績を伸ばすことが予想されます。

便利な【比較会社】欄

　【比較会社】の欄も活用してみましょう。同業または類似業種の上場会社の中から、時価総額などの規模が近い会社や営業地域が近い会社を編集部が選んで掲載しています。ライバル企業にもテーマの恩恵が及びそうか、どの会社が最も成長する可能性が高いのか、株価が割安な水準にある会社はどこかなどといった点も併せて確認しておくと

ゲーム機「スイッチ」が大ヒットした任天堂の仕入先はミネベアミツミやホシデン
→**今後新たなゲーム機が発売されれば、両社も潤う!?**

比較銘柄を見れば**ライバルが一目瞭然**。同業他社と比べたときの評価も確認したい

●任天堂（7974）
【本社】601-8501京都市南区上鳥羽鉾立町11-1　☎075-662-9600
【東京支店】111-0053東京都台東区浅草橋5-21-5
【工場】宇治☎0774-21-3191
【従業員】〈19.9〉6,113名2,378名(39.3歳)囲912万円
【証券】[上]東京　齢伊野村岡日興, 三菱Uモル, 大和, みずほ　図三井住友信　監PwC京都
【銀行】京都, 三菱U, りそな
【仕入先】ミネベアミツミ, ホシデン
【販売先】ー

【業種】娯楽用品
時価総額順位　1／47社
【比較会社】6758 ソニー, 9684 スクエニH, 9697 カプコン

テーマに関連する意外な会社や、
２番手、３番手企業の動向もチェックしよう

便利です。

　【比較会社】と業種分類を組み合わせて銘柄を探すのも有効です。『四季報』では、銘柄ページ欄外の【　】内に、証券コード協議会による33業種分類を掲載しています。また、【業種】欄には、より細分化した東洋経済独自の60分類を掲載しています。ここを見れば、同一業種に分類されている企業数や、時価総額の順位もわかります。

　テーマで注目すべき会社を見つけた場合、まず「情報・通信」など証券コード協議会の区分が同じ会社を参考にします。さらに絞り込みたい場合は、東洋経済独自の分類で「SI（システムインテグレーション）・ソフトウェア開発」などの会社を探していくという流れです。

　株式市場では、トップ企業が人気化した後、業界全体で需要の盛り上がりが期待できるような場合には、２番手、３番手の企業にも恩恵が及ぶと判断されて株価が上昇することがあります。こうした企業をチェックしておけば、先回り買いをする際の参考となるはずです。

割高？それとも割安？『四季報』で株価点検

株価指標欄のPERやPBRで過去の水準やライバル会社との比較をすれば、売買のタイミングを見極められる

ここを見てね！

【資本異動】	【株式】 【財務】	【株主】		【材料欄】	【業績欄】 【連結事業】	【特色】	【株価指標】 コード 社　名
【特集】	【CF】	【役員】 【連結】					
【業績】 四季報予想 会社予想		【配当】		【本社】 【証券】			

利益から株価水準を評価するPER

　株価は、株式市場の会社に対する評価です。会社が将来に生み出すと予想される利益を、織り込んでいるともいえます。

　では、今の株価は割安なのか、割高なのか、どのように判断すればよいでしょうか？　まず活用したい指標が**PER（株価収益率）**です。PERは株価を1株当たり純利益（EPS：Earnings Per Share）で割って求めます。これは時価総額を純利益で割ることと同義です。

　今期の予想純利益を使って計算すれば**今期予想PER**、来期の予想純利益を使えば**来期予想PER**を求められます。業務スーパーをフランチャイズ（FC）で展開し、好業績が続く神戸物産（3038）の場合、予想PERは28倍台です。ということは、株価は今期の利益の28年分を織り込んでいるといえます。これは割安なのでしょうか。

　まず、すべての会社に共通して目安に使えるような、PERの絶対的な水準はありません。市場が活況になれば、全体的にPERは高まり、景況感が悪化すればPERは低下します。

　株価は将来の利益動向を見越して形成されるので、総じて**高成長が**

PER、PBRは必ずチェック

高いPERは投資家の
企業に対する期待の表れだ

$$予想PER（倍）= \frac{株価}{1株当たり予想純利益}$$

$$PBR（倍）= \frac{株価}{1株当たり純資産}$$

株価指標	
予想PER　　（倍）	
〈19.10〉	28.8
〈20.10〉	27.1
実績PER	
高値平均	21.8
安値平均	9.3
PBR	8.67
株価(11/25)	3360円
最低購入額	33万6000円

●神戸物産（3038）

【業績】(百万円)	売上高	営業利益	経常利益	純利益	1株益(円)	1株配(円)
連16.10*	239,266	11,833	8,729	4,560	43.6	11.3特
連17.10*	251,503	14,606	15,778	8,346	79.6	12.5特
連18.10*	267,175	15,722	15,831	10,363	97.7	16.3特
連19.10*予	295,000	19,000	19,000	12,500	116.6*17.5*18.5	
連20.10予	315,000	20,500	20,500	13,300	124.0	18.5~20
連18.11~4*	144,520	9,324	9,487	6,049	56.7	0
連19.11~4予	154,000	10,000	10,000	6,500	60.6	0
連17.11~7*	198,364	11,783	11,591	7,941	75.0	

期待されるハイテク企業などの成長企業や新興企業はPERが高くなる傾向があります。たとえば、Webで弁護士向け営業支援や法律相談サイトを展開する弁護士ドットコム（6027）の2020年3月期の予想PERは300倍以上と、他社とは比べものにならないほど高い水準になっています。これは成長期待の表れだといえるでしょう。

　特別損失などの一時的な要因によって純利益が押し下げられる場合も、PERは相対的に上昇します。逆に、成長期待が低い成熟企業のPERは低くなります。

　神戸物産の場合、PER28倍は市場平均より高めの水準ではありますが、今後もさらに利益を伸ばしていくのであれば、単純に割高だと言い切ることはできません。予想PERは過去の推移やその企業の成長速度、業界の平均値、ライバル会社などとも比較して、総合的に判断するのがよいでしょう。

過去の平均値からわかること

『四季報』では、現在のPERが過去と比べて、どういった水準か判断できるように、**実績PERの高値平均と安値平均を掲載**しています。これは、過去3年間の決算期について、各決算期内の最高株価と最低株価を、各決算期の1株当たり純利益（実績値）で割って最高PER、最低PERを算出し、それぞれ3年間の平均値を求めたものです。

たとえば今のPERが高値平均に近づいていれば、経験則から見て「そろそろ下げるタイミングかもしれない」などと分析ができます。また、予想PERが業界平均やライバル会社より割高に見えても、過去の実績から考えると、過熱感はないというケースもあります。**過去の平均値を知ることで、その会社の株価の特性をチェックできる**のです。

工作機械大手のDMG森精機（6141）の場合、2019年12月期、2020年12月期ともに予想PERは11倍前後です。安値平均は9.7倍、高値平均は20.3倍ですので、安値平均に近く、株価は底入れの段階、もしくはすでに底入れしたのかもしれません。

キャッシュレス決済関連銘柄として急速な成長が続くGMOペイメントゲートウェイ（3769）の場合、新春号の予想PERは91.5倍です。一般的には非常に割高ともとれる水準ですが、過去3年間の高値平均は116.2倍でした。急成長企業のため、PERが非常に高い水準であるものの、以前と比べて特段高い水準ではないことがわかります。

貸借対照表と株価をつなぐPBR

PERと並んで、株価水準を判断する指標に、**PBR（株価純資産倍率）**があります。株価を直近決算期末の1株当たり純資産で割って求めます。財務面から株価水準を判断する指標です。

会社の資産が貸借対照表（BS）に計上されている価値で売却でき、

株価の割高・割安はここで判断しよう

PERは業種や企業の成長期待によって大きく異なる。過去や他社との比較もしてみよう

予想PERは2019年12月期、2020年12月期ともに11倍弱

過去3年の安値平均PERは9.7倍。**11倍弱のPERなら、安値平均の9.7倍にかなり近い**

●DMG森精機（6141）

株価指標

予想PER	（倍）
〈19.12〉	10.5
〈20.12〉	10.8
実績PER	
高値平均	20.3
安値平均	9.7
PBR	1.78
株価(1/16)	
	1680円
最低購入額	
	16万8000円

負債も記載されている以外はないとします。仮に会社が解散すると決まった場合、資産を売却して負債を返済した残額が株主に返還できる財産ですが、その額に相当するのが純資産なのです。**PBRは、貸借対照表上の解散価値を表している**と考えられます。

つまり、PBRが1倍を超えていれば、会社は解散するより存続して利益を生み出すほうが有利だと、市場が判断しているといえます。逆にPBRの1倍割れは、会社が事業を継続するより、解散して財産を株主に分配したほうがよいと、市場が判断していると読み取ることができます。つまり、**業績が順調な会社なら、理論上ではありますが、PBRが1倍を超えているのが自然な形**です。

PBRが1倍割れとなる理由としては、含み損があるなどで貸借対照表上の純資産が実態を反映していない場合や、業績の悪化によって、純資産の縮小が懸念される、といったケースがあります。

ただし、業績や財務に不安がなく、PBRが1倍を割り込んでいる会社もあります。PBRが1倍割れしている理由がどこにあるのか、原因を見極めることが大切です。

6 ROE、ROAで経営効率を測る

株式市場で注目が高まるROEで効率のよい会社を選別しよう。ROAにも目配りし、会社全体の収益力を把握したい

ここを見てね！

【資本異動】	【株式】【財務】	【株主】			
	【指標等】	【役員】	【材料欄】	【業績欄】 【特色】【連結事業】	コード 社 名
【特集】	【CF】	【連結】			
【業績】 四季報予想 会社予想		【配当】	【本社】 【証券】		

効率的に稼ぐ企業を探せ

効率的に利益を稼いでいる会社は見つけるにはどのような指標で測ればいいのでしょうか。最も使われる指標として、**ROE（自己資本利益率）** があります。当期純利益を自己資本で割って求めますが、**会社が株主から集めた資金（自己資本）を使って、どれだけ効率よく利益を出せているかを表す指標**です。

当期純利益が5億円、自己資本が100億円のA社と、当期純利益が3億円、自己資本が50億円のB社があるとします。A社のROEは5÷100＝5%、B社は3÷50＝6%です。当期純利益はA社のほうが大きいですが、効率的に利益を稼いでいるのはB社であることがわかります。同じ金額を投資する場合、B社に投資したほうがリターンは大きいと判断できるわけです。

ZOZOは日本屈指の高ROE企業

2014年に伊藤邦雄・一橋大学大学院特任教授が座長としてとりまとめた「伊藤レポート」では、8%をROEの目標として話題を集めま

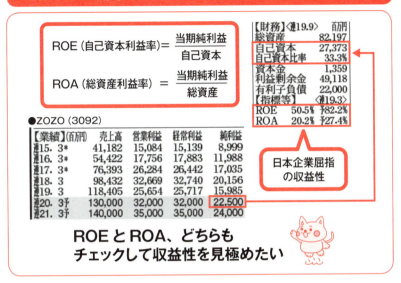

効率よく稼ぐ会社を見つけよう

$$ROE（自己資本利益率）= \frac{当期純利益}{自己資本}$$

$$ROA（総資産利益率）= \frac{当期純利益}{総資産}$$

【財務】〈連19.9〉　百万円
総資産　　　　82,197
自己資本　　　27,373
自己資本比率　 33.3%
資本金　　　　 1,359
利益剰余金　　49,118
有利子負債　　22,000
【指標等】〈連19.3〉
ROE　50.5%　予82.2%
ROA　20.2%　予27.4%

日本企業屈指
の収益性

●ZOZO (3092)

【業績】(百万円)	売上高	営業利益	経常利益	純利益
連15. 3*	41,182	15,084	15,139	8,999
連16. 3*	54,422	17,756	17,883	11,988
連17. 3*	76,393	26,284	26,442	17,035
連18. 3	98,432	32,669	32,740	20,156
連19. 3	118,405	25,654	25,717	15,985
連20. 3予	130,000	32,000	32,000	22,500
連21. 3予	140,000	35,000	35,000	24,000

ROEとROA、どちらも
チェックして収益性を見極めたい

した。高ROEの代表的な会社が、アパレルが主力のインターネット通販サイト・ZOZO（3092）です。2020年3月期の予想ROEは82.2%。効率よく利益を稼いでいることがわかります。一方で、銀行からの借入金や社債など多額の有利子負債があり、自己資本比率が低い会社もROEが高くなります。

　ROA（総資産利益率）も重要な指標です。ROAは純利益を総資産で割って求めます。自己資本だけでなく、負債も含めて会社に投下された総資産（総資本）、つまりすべての経営資源を活用し、どれだけ効率的に稼いでいるかを表しています。ROEよりも広い視点で会社の稼ぐ力を測る指標といえるでしょう。

　ROAは会社全体の収益力を分析できます。業種によって総資産の規模が異なる点に注意する必要はありますが、ROEとROAを上手に組み合わせれば、高収益企業を発掘することが可能です。

7 ライバル会社の動向を『四季報』で徹底チェック

同じ業界の会社でも収益の柱が異なることもある。【連結事業】など『四季報』のデータを使って競合企業を比べてみよう

ここを見てね！

【資本異動】	【株式】【財務】	【株主】	【材料欄】	【業績欄】	【連結事業】	【特色】	コード社名
		【役員】					
【比較会社】	【CF】	【連結】					
【業績】四季報予想会社予想		【配当】	【本社】【証券】				

『四季報』を駆使してライバルと比較する

『四季報』を使ってライバル会社比較をしてみましょう。ここでは、トヨタ自動車（7203）とホンダ（7267）を取り上げます。

【連結事業】をみると、トヨタは自動車事業が売上高の89％を占め、金融事業も7％のシェアがあります。対するホンダは4輪車が売上高の70％で、2輪車が13％。金融サービスも15％という比率です。ただ、カッコ内の営業利益率を見ると、4輪車の2％に対して2輪車が14％と高く、2輪車の動向が業績に影響することがわかります。

2020年3月期の全体の売上高は、トヨタが29.5兆円、ホンダが15兆円。営業利益はトヨタが2.5兆円、ホンダが6900億円です。自動車メーカーの1位と2位でも、売上高ではほぼ倍、営業利益は3倍以上の差があります。**売上高営業利益率**はトヨタが8.4％、ホンダは4.5％。予想ROE（自己資本利益率）はトヨタが9.8％と優良企業の一つの基準ともいえる10％に近い水準ですが、ホンダは7.5％。現金を稼ぐ力を見る**営業キャッシュフロー**でも、2019年3月期でトヨタが3.7兆円、ホンダが7759億円と差があります。

トヨタ自動車とホンダを比較すると…

●トヨタ自動車（7203）

株価指標	
予想PER	（倍）
〈20.3〉	9.8
〈21.3〉	9.4
実績PER	
高値平均	11.0
安値平均	8.0
PBR	1.08

【指標等】	〈◇19.3〉	
ROE	9.8%	▼11.3%
ROA	3.6%	▼4.3%

7203 トヨタ自動車

【特色】4輪世界首位級。国内シェア4割超。ダイハツを傘下。SUBARU、マツダ、スズキと提携。日野と提携、海携【連結事業】自動車89〈8〉、金融7〈15〉他4〈6〉　外76【決算】3月【設立】1937.8【上場】1949.5

●ホンダ（7267）

株価指標	
予想PER	（倍）
〈20.3〉	9.2
〈21.3〉	8.8
実績PER	
高値平均	9.6
安値平均	6.7
PBR	0.64

【指標等】	〈◇19.3〉	
ROE	7.5%	▼6.9%
ROA	3.0%	▼2.8%

7267 ホンダ

【特色】4輪世界7位で北米が収益源。環境対応を強化。世界6極体制【連結事業】二輪13〈14〉、四輪70〈2〉、金融サービス、パワープロダクツ他2〈3〉【決算】3月【設立】1948.9【上場】1957.12【登記社名】本田技研工業　海外87　当社世界首

株価指標はさほど変わらないが、規模や収益面、株主還元では両社に差がある

ホンダが勝っている点はどこか

　株価関連も見ていきましょう。トヨタは緩やかな上昇傾向にあり、株式時価総額は25.5兆円、ホンダは5.6兆円と4倍以上の開きがあります。指標面では、予想PER（株価収益率）はトヨタ、ホンダはほぼ同じ9倍台ですが、PBR（株価純資産倍率）はホンダが0.64倍と劣ります。トヨタの上場来高値は2015年の8783円。ホンダは2006年の8570円で、その後、高値を更新できていません。

　トヨタが優位な点が多いのですが、2020年3月期のホンダの配当額は112円、配当性向34％です。2015年3月期の88円から比較して27％も増配する予定です。また、ホンダは3カ月ごとに配当金がもらえる四半期配当の会社でもあります。トヨタは配当性向、増配率ともにホンダに及びません。

第7章

売買チャンスはこうつかむ！

1 投資に必要な元手は株価の100倍

単元株数は2018年に100株へと一本化された。最低購入額が50万円以上の会社も残っているが、少額でも投資する方法はある

ここを見てね！

【資本異動】	【株式】	【株主】			コード
	【財務】		【材料欄】	【業績欄】	【特色】【連結事業】 社 名
		【役員】			
【特集】	【CF】	【連結】			
【業績】 四季報予想 会社予想		【配当】	【本社】 【証券】		

株の売買は単元株で行われる

　株価は1株当たりの金額ですが、通常の取引では1株からは買えません。売買するための最低株式数は単元株として決まっています。つまり投資単位＝単元株数×株価です。『四季報』は【株式】欄に**単位**として1単元の株式数、株価チャート横の株価指標欄に、**最低購入額**として単元株数に直近株価を掛けた金額を掲載しています。

　2001年の単元株制度導入で、株券に50円など金額を記載する額面制度が廃止され、上場会社の株券は電子化されました。当時はまだ1単元の株式数はバラバラでしたが、投資家の利便性向上に向け、2007年から売買単位を統一する動きが本格化した結果、ようやく**2018年に全上場会社の単元株数は100株に一本化**されたのです。

　最低購入金額は、かつては数百万円以上という銘柄も珍しくありませんでした。ところが単元株数が100株へ一本化されたことに加え、東京証券取引所が、個人投資家が投資しやすい、望ましい投資単位として「5万円以上50万円未満」という水準を明示したことで、株式分割で株数を増やし、株価を引き下げる会社が増えました。**2019年3**

必要な資金の目安は「最低購入額」でわかる

多くの銘柄は50万円未満で買えるようになった

●任天堂（7974）

【株式】 10/31	131,669千株
単位 100株	貸借
時価総額	55,682億円
【財務】〈連19.9〉	百万円
総資産	1,777,072
自己資本	1,386,451
自己資本比率	78.0%
資本金	10,065
利益剰余金	1,542,659
有利子負債	0
【指標等】〈連19.3〉	
ROE	14.2% 予14.5%
ROA	11.5% 予11.3%
調整1株益	―円
最高純益(09.3)	279,089
設備投資 160億 予130億	
減価償却 95億 予‥億	
研究開発 696億 予750億	
【キャッシュフロー】 億円	
営業CF	1,705(1,522)
投資CF	453(613)
財務CF	▲1,090(▲613)
現金同等物	5,853(4,844)

任天堂の株は100株単位
→投資できるのは4万2290円×100株＝422万9000円から

元手が足りないときは、業績や株価が連動して動きやすい取引先企業に投資するのも一法だ

株価指標	
予想PER	（倍）
〈20.3〉	25.1
〈21.3〉	23.7
実績PER	
高値平均	36.3
安値平均	19.2
PBR	3.63
株価(11/25)	
	4万2290円
最低購入額	
	422万9000円

【本社】601-8501京都市南区上鳥羽鉾立町11-1　☎075-662-9600
【東京支店】111-0053東京都台東区浅草橋5-21-5
【工場】宇治☎0774-21-3191
【従業員】〈19.9〉連6,113名 ②2,378名(39.3歳)匣912万円
【証券】上東京 ㈲野村⑪日興, 三菱Uモル, 大和, みずほ 図三井住友信 翻PwC京都
【銀行】京都, 三菱U, りそな
【仕入先】ミネベアミツミ, ホシデン
【販売先】―

月末時点で94.5%の上場会社の最低購入金額が50万円未満です。

任天堂（7974）など、最低購入金額が100万円を超える銘柄もいくつか残ってはいます。こうした銘柄に投資する代わりに、業績拡大時には業績や株価が連動して動きやすいミネベアミツミ（6479）やホシデン（6804）など、【仕入先】【販売先】掲載会社に注目する方法もあります。

証券会社によっては単元未満株、ミニ株などの制度を用意し、1株からの売買サービスを提供している会社もあります。ただ、通常は手数料がかかり、リアルタイムで売買できないなどの違いがあり、議決権や株主優待などの株主権も制限されます。売買にあたっては、手数料率や約定のタイミングなどを調べてから投資してください。

売りたいときに
売れない株に注意

思わぬケガをしないために、出来高や時価総額の確認は必須。特定株や浮動株などの株主欄や上場市場も調べておこう

ここを見てね！

【資本異動】	【株式】	【株主】			コード
	【財務】		【材料欄】	【業績欄】	【特色】【連結事業】 社 名
【株価】		【役員】			
【特集】	【CF】	【連結】			
【業績】四季報予想会社予想		【配当】	【本社】		
			【証券】		

出来高や発行済株式数の確認を忘れずに

　銘柄選択にあたって、真っ先にチェックすべき項目が流動性です。流動性とは、株式市場の売買の厚みをいいます。株式の売買は、売りたい株数と価格が、買いたい株数と価格に合意して初めて成立します。流動性が高い＝売買が常に活発に行われる銘柄であれば問題ありませんが、流動性が低い銘柄は売買が成立しないこともしばしばです。約定価格を指定しない成り行きで注文を出していると、たとえ売買が成立しても、希望価格とはかけ離れた株価になることも起こります。

　保有銘柄で不祥事が発覚し、上場廃止になるようなケースを考えてみてください。流動性が乏しい銘柄を保有していれば、思うように買い手も現れず、最悪の場合は換金できないまま上場廃止となって、資金を回収するのは困難を極めるといった事態にも陥りかねません。

　流動性はまず、株価欄の「出来高」でチェックしましょう。出来高とは、期間中に成立した売買の数量のことで、『四季報』では直近の3カ月の月間出来高合計を原則として万株単位で掲載しています。これを売買したい株数と比べてみれば、自分の売買注文を十分に吸収でき

会社によって流動性はさまざまだ

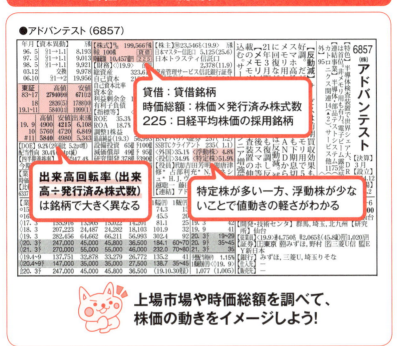

上場市場や時価総額を調べて、
株価の動きをイメージしよう!

るだけの取引があるか、おおよその見当はつくでしょう。『四季報』は
会社が発行した発行済み株式数も載せています。月間の出来高と見比
べれば、発行済みの株式数に対して売買される割合が、銘柄によって
大きく異なることもわかります。

　【株式】の「時価総額」を基準に、個々の銘柄の流動性リスクを判断
するのもおすすめです。時価総額は「株価×発行済株式数」ですから、
市場の評価が高く、発行済株式数が多いほど時価総額も大きくなりま
す。当然、時価総額の大きいほうが流動性も高い傾向にあります。
【業種】には『四季報』の独自業種分類での時価総額順位を掲載してい
ますので、業種内でのおおよそのプレゼンスがわかります。

〈特定株〉や〈外国〉〈投信〉欄の確認も

　発行済株式数の中には、市場に出てこないものも含まれています。『四季報』では、大株主上位10位までと、役員の持ち株と自己株式数の合計を**少数特定者持株数**と考え、これを発行済み株式数で割った比率を、**【株主】に〈特定株〉として掲載**しています。これらの株主は、会社の支配や経営に深く関わっており、通常、株式を売り出す可能性は低いと考えられます。特定株比率が高すぎる銘柄は、取引所の上場廃止基準に抵触するおそれもありますので注意が必要です。

　〈外国〉〈投信〉は、発行済株式数に占める外国人投資家、投資信託の保有比率を表します。大きな資金を運用しているこれらの投資家は、時価総額の大きい銘柄を中心に投資します。つまり、〈外国〉〈投信〉の比率が高いほうが流動性は高いと考えてよいでしょう。**外国人、投信の保有が多く、流動性が高い銘柄では、個人投資家だけでなくプロの分析、多彩な見方が株価に反映されてくることになりますので、極端に荒っぽい値動きが抑えられる**ことも期待できます。なお、〈浮動株〉は1単元以上50単元未満の株主が所有している株数の比率です。

　売買の活発さという観点では、**信用取引**の対象銘柄かどうかという区分も有益です。信用取引は投資家が証券会社から資金や株式を借りて行う取引であり、手元資金以上に多額の取引ができ、その分、取引に厚みが増します。信用取引にも種類がありますが、中でも、証券取引所がルールを定めて対象銘柄の選定も行う制度信用取引の**貸借銘柄**は、資金を借りて行う買建だけでなく、株券を借りて売建（空売り）もできるので、流動性が高くなります。

　市場には、1部、2部市場、JASDAQや東証マザーズなど新興市場があり、市場ごとに株主数、流通する株式数、時価総額など、流動性に深く関係する基準が定められています。概して**最上位の1部に上場**

1部市場以外でも流動性の高い銘柄は多い

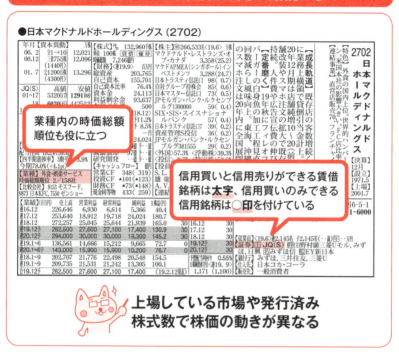

●日本マクドナルドホールディングス（2702）

上場している市場や発行済み
株式数で株価の動きが異なる

している会社は流動性が高く、新興市場は流動性が低い傾向にあります。とはいえ１部でも流動性の乏しい銘柄、２部、新興市場でも平均的な１部市場の銘柄より流動性の高い銘柄はいくらでもあります。

　１部市場の銘柄数は上場市場全体の過半以上にまで増えており、かねてより、業績や流動性の観点から投資しにくい会社が多いとの批判がありました。これを受けて**東京証券取引所は、2022年4月をメドに現在の4市場を3市場に再編**する改革に取り組んでいます。ただ、再編後も当面は、現在１部の銘柄は最上位市場の上場維持を認める方向です。１部市場だからといって、流動性にまったく問題がないと疑わず投資することには、リスクのあることがわかるでしょう。

<table>
<tr><td>**3**</td><td colspan="2">## 『四季報』のローソク足で
株価の勢いをつかむ</td></tr>
</table>

好業績だからといって株を買うと高値づかみになる危険もある。ローソク足分析で株価の勢いや今後の動きを予測しよう

ここを見てね!

【資本異動】	【株式】 【財務】	【株主】			チャート
【特集】	【CF】	【役員】 【連結】	【材料欄】	【業績事業】【連結事業】【特色】	コード 社　名
【業績】 四季報予想 会社予想		【配当】	【本社】 【証券】		

株価の位置を知る—チャート分析の意義

　『四季報』は、各ページに株価チャートを掲載しています。チャートとは、直訳すれば**海図**です。船が安全に航行するために海図が欠かせないのと同様、株価の足取りや現在の位置を教えてくれます。

　投資の分析には、2つの手法があります。1つは**収益力や成長性、業績見通しを中心に会社の魅力度を計る「ファンダメンタルズ分析」**です。もう1つが**「テクニカル分析」で、株価の動きそのものや、出来高など需給のエネルギーを示すデータに着目**します。テクニカル分析はとくに売買タイミングを探るのに適しています。

　『四季報』では、4つの株価の位置関係を1本のローソクのような形状で表し、そこから市場の情勢、投資家心理を読み解く**ローソク足**を掲載しています。ローソク足は、取引開始の価格である**始値**(はじめね)、取引終了時の価格である**終値**(おわりね)と、取引中の最も高い価格である**高値**(たかね)、最も安い価格である**安値**(やすね)の4つの価格(四本値)がひと目でわかるようになっています。**『四季報』では、中長期の投資判断に適した、月間株価の四本足を示す「月足」を過去3**

ローソク足の四本値の意味

その期間の始値と終値、高値と安値の4つの価格（四本値）がひと目でわかる

陽線　陰線

高値　上ヒゲ　高値
終値　　　　始値
　　　　　　終値
始値　　　　
安値　下ヒゲ　安値

ローソクの形で
株価の勢いを知ろう！

Good!

下値圏での長い下ヒゲは、相場の底打ちを示唆

年強（41カ月）掲載しています。

　ローソク足分析では、ローソクの形によって株価の勢いと先行きの方向性を判断します。取引の始値より終値が高ければ、ローソク足の柱は白くなります。これを陽線と呼びます。反対に終値が始値より安ければ、ローソク足の柱は黒くなります。これが陰線です。この黒白が市場心理の強弱を示唆していると考えるのです。柱が長ければ、その取引期間中の株価の上げ下げの動きが大きかったことを表します。

　柱の上下にある1本線の**ヒゲ**も重要なサインです。上に突き出た上ヒゲの先端は期間中の最も高い価格、下に突き出た下ヒゲの先端は安い価格を表します。

　下値圏で長い下ヒゲが出ると、株価は下に向かおうとしたが、そこで多くのエネルギーを使い果たして結局、株価が戻ってきた——つまり相場の底打ちを示唆していると考えます。反対に高値圏で長い上ヒゲが出た場合は、相場が天井圏にあると読むのです。また、始値と終値が同じ価格になったときは、**十字線**となり、相場の転換点を示しているといわれています。

▶ マルチチャートで 多角的に分析しよう

時間軸による変化の把握をしてみよう。
複数銘柄の比較もカンタンだ

時間軸を変えるとトレンドが違って見える

　投資の際には銘柄選択も大切ですが、投資期間をどう設定するかも重要です。たとえば、ある銘柄を購入して5日後に株価が買値から10%上昇したとします。しかしそれから100日後に30%下落してしまうかもしれません。この銘柄に投資したことがはたして成功だったのか失敗だったのか、時間軸で評価は変わってしまうのです。

　『四季報オンライン』の個別銘柄ページでは**マルチチャートを見ることができます**。右上図はソフトバンクグループ（9984）の**1分足、日足、週足、月足**のチャートですが、それぞれ形が異なります。日足を見るとまさに上昇トレンドの初期に見えます。勢いはありますが、過熱気味でこれから投資するには反落も警戒されるといったところでしょうか。ただ週足を見ると、これまで大きく下げてきたので、まだ戻り始めたばかりと見えるかもしれません。さらに月足で、より長期の動きを見ると、株価は1年以上の期間、一定の値幅を往来していることがわかります。

　このように時間軸が変わると株価のトレンドが違って見えます。マルチチャートを同時に比較することで、投資期間の設定などの判断に役立てることができるでしょう。

1分足、日足、週足、月足チャートを掲載

個別銘柄ページで
「マルチチャート」をクリック

複数銘柄のチャートを一覧で見ることも可能

複数の銘柄のチャートを
一覧で見ることも可能

複数銘柄のチャートを並べて比較検討も

　『四季報オンライン』では、**複数銘柄のチャートを並べて見ることも**
可能です。上部にあるメニューの「登録銘柄」をクリックすると自分
の選んだ銘柄を登録できます。その後に、「チャート」の項目をクリッ
クすると、登録銘柄のチャートを一覧で見ることができます。また足
種も日中足、日足、週足、月足に切り替えることが可能です。

　上図は東証33業種の「輸送用機器」銘柄の一部の週足チャートで
す。同じ業種でもチャートの形が違うことに気づきます。

移動平均線で相場の強気、弱気を判断

株価が移動平均線の上にある場合は相場が強気になり、その逆に下にある場合は弱気になりやすい

ここを見てね！

【資本異動】	【株式】【財務】	【株主】			コード 社 名
		【役員】	【材料欄】	【特色】【業績欄】【連結事業】	
【特集】	【CF】	【連結】			
【業績】 四季報予想 会社予想		【配当】	【本社】 【証券】		

チャート

移動平均線で株価のトレンドを調べる

　相場の勢い、市場心理をつかむのに役立つローソク足に対して、株価の方向性をとらえるのに用いられるのが**移動平均線**です。株価の推移に一定の傾向が認められるとき、テクニカル分析では、これをトレンドと呼びます。**移動平均線は、株価のトレンドを分析する手法**として最もよく使われるものです。

　移動平均線は、5日、13週など一定期間の株価の平均値を結んだ線です。たとえば5日移動平均線は、当日から4日前までの5日間の日足終値の平均値を計算して当日に記し、それを毎日並べて線で結んだものです。『四季報』では12カ月＝1年間の移動平均線を実線で、24カ月＝2年間の移動平均線を点線で示しています。12カ月線のほうが目先（短期）の株価の動きが反映されやすいので、上下に大きく動きます。一方、24カ月線はもっと長いスパンで動いているので、なめらかな曲線となり、株価の長期トレンドを示します。

　移動平均線の**向き**をみれば、株価が上昇局面にあるのか、下降局面なのか、それとも方向感がない横ばい（保ち合い、ボックス圏）なのかが

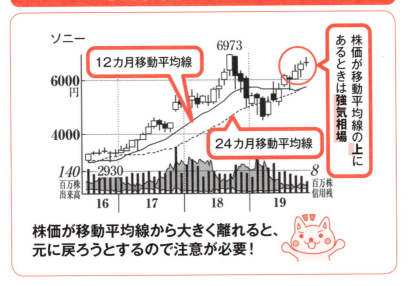

移動平均線でトレンドを点検

ソニー

12カ月移動平均線

24カ月移動平均線

6973

株価が移動平均線の上にあるときは**強気相場**

6000円

4000

140
百万株
出来高

2930

8
百万株
信用残

16　　17　　18　　19

**株価が移動平均線から大きく離れると、
元に戻ろうとするので注意が必要！**

わかります。**傾き**の大小は、相場の強弱を示します。24カ月移動平均線が大きく上に向いている場合は、長期にわたって強い上昇トレンドが続いていると判断できます。傾きが急になればトレンドの加速を、緩やかになれば、逆にトレンドの減速を示します。

　移動平均線は、その期間の売り買いのコストの平均を示しているともいえます。足元の株価が移動平均線よりも上にある場合、その銘柄を持っている投資家は平均的にみて、利益を上げている状態にあります。逆に株価が移動平均線の下にある場合は、平均的には投資家は損を抱えている状態にあります。

　したがって、株価が移動平均線の上にあるときには、含み益を持った投資家が追加で買い乗せをしてくる可能性もあり、**強気相場になりやすい傾向**があります。逆に株価が移動平均線の下にあるときには、含み損が生じている投資家が見切り売り（損切り）したり、少し戻って

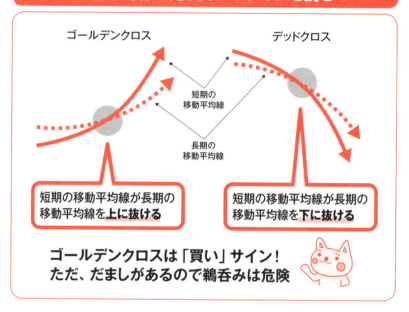

移動平均線で売り買いのサインを読む

ゴールデンクロス　　　　　　　デッドクロス

短期の
移動平均線

長期の
移動平均線

短期の移動平均線が長期の
移動平均線を**上に抜ける**

短期の移動平均線が長期の
移動平均線を**下に抜ける**

ゴールデンクロスは「買い」サイン！
ただ、だましがあるので鵜呑みは危険

も戻り待ちの売りに動いたりすることが多く、株価の頭が移動平均線
によって抑えられがちとなります。

　株価が移動平均線を下から上に、あるいは上から下に突き抜けた際
には、トレンド転換のきっかけにつながることがありますので要注意
です。たとえば、株価が移動平均線を割り込んだ場合、その株を持っ
ている投資家は平均して含み損を抱えた状態に変わったわけですか
ら、損失を抑えようとした投げ売りが増えれば、強気相場が一転し
て、下落トレンドになることもあります。

　移動平均線は、相場の過熱度合いを計る指標としても有効です。株
価は移動平均線から大きく離れすぎると、その期間の株価の平均値で
ある移動平均線まで、元に戻ろうとする性質があります。実際、株価
が移動平均線から大きく上に振れて乖離が広がる局面では、投資家の

多くが、「いったん利益を確定しておこう」「もうそろそろ割高ではないか」と株を売ろうとするため、株価は調整入りしやすくなります。逆に株価が移動平均線を大きく割り込んだときは、「売られすぎ」「もう割安感が出るのでは」と考える投資家が増え、株価は反発に転じるケースが多くあります。

ゴールデンクロスは強気相場のしるし

移動平均線は、**売り買いのタイミング**を計る物差しとしてよく使われます。移動平均線の分析が示す買いシグナル／売りシグナルには、さまざまな種類がありますが、ここではその中でも最も知られている、2本の移動平均線の組み合わせによる分析を紹介します。

短期の移動平均線が目先の株価の動きを反映して上下に大きく動くのに対して、長期の移動平均線は長いスパンで動くため、緩やかな曲線となります。ここで、**短期の移動平均線が長期の移動平均線を下から上に突き抜けることをゴールデンクロスと呼び、強気相場入りを追認する、買いのチャンス**ととらえます。反対に、**短期の移動平均線が長期の移動平均線を上から下に割り込むときはデッドクロスと呼び、弱気相場入りを確認する、売りのサイン**とされています。

ただ、買いサインであるゴールデンクロスが現れた場合であっても、前述のとおり、トレンドの方向性を表す長期の移動平均線の向きが横ばいで推移していたり、下を向いていたりするときは注意が必要です。株価が長期的に下落局面にある中でも、株が一時的に買われると、短期の移動平均線が長期の移動平均線を上抜くことがありますが、その後は再び下降トレンド入りすることがあります。ゴールデンクロスの**だまし**と呼ばれる現象です。それよりも、2本の移動平均線がともに上向いているときに出現するゴールデンクロスのほうが、買いサインとしての確度は高いと考えられています。

売り残、出来高増は株価上昇のサイン?

出来高で市場エネルギーがわかる。
ローソク足や移動平均線、信用残と
組み合わせ株価の動きを予測し、売
買チャンスをつかもう

ここを
見てね!

チャート					
【資本異動】	【株式】 【財務】	【株主】			コード 社 名
		【役員】	【材料欄】	【業績欄】	【特色】 【連結事業】
【特集】	【CF】	【連結】			
【業績】 四季報予想 会社予想		【配当】	【本社】 【証券】		

信用残で今後6カ月の動きを読む

　株式の売買は、購入資金や株式を自分で用意する**現物取引**が基本です。ただ、**信用取引**といって、投資家が委託保証金（約定代金の一定比率）を証券会社に担保として預託し、資金や株式を借りて行う取引手法もあります。**信用取引は手元資金以上に多額の取引ができるのが魅力であり、その分、利益や損失も大きく**なります。

　信用取引で株を買って、株価が予想どおりに上昇すれば、売却という反対売買を行って決済し、差額の値上がり益を手にすることができます。逆に信用売り（カラ売り）を行った場合は、株価が下落すれば、反対売買の買い戻しによって、利益を確定することができます。借りた資金や株式には通常、返済の期限があります。銘柄や証券会社との取り決めによって異なりますが、多くは6カ月が限度です。

　このため、信用取引の未決済の残高が買い・売りのどちらか一方に偏っている局面は注意が必要です。**信用買いの未決済残高「買い残」が多いときは、今後6カ月以内に売りが出てくる可能性が高く、株価の上値を抑える要因**となります。逆に**信用売りの未決済残高「売り**

出来高と信用残で売買タイミングを探る

出来高は人気のバロメーター。株価の上昇時は出来高を伴うことが多い

太陽誘電

3695

3000円

2000

1000

776

77
百万株
出来高

百万株
信用残

16 | 17 | 18 | 19

売り残超過で需給好転。信用好取組に

信用残が一日あたりの出来高でこなせないとき、株価は影響を受けやすい

残」が多いと、買い戻しの圧力が大きく、**株価の下支え要因**となります。『四季報』は、信用取引による売り残と買い残を折れ線グラフで示し、買い残が売り残を上回る部分にはアミをかけてあります。

『四季報』では、月間の出来高を棒グラフで掲載しています。出来高とは、その期間に売り買いされた株式の数の合計です。株価は売りと買いのどちらが優勢か、そのバランスで決まりますが、株価が上昇に転じるときは、たいてい出来高の増加を伴うケースが多いものです。その意味で、**出来高は銘柄の人気度を測るのに適したバロメーターであり、株価の先行指標となる**ケースが多く見られます。

したがって、株価が下がり続ける中で、出来高が徐々に増えている場合は要注目です。その反対に、株価が上昇していても、出来高が減少に転じてきたときには注意が必要です。買いのエネルギーが細り、強気相場が終盤に近づいている兆しともとれるからです。

「今号のポイント」で市場や業種の大局をつかもう!

今号のポイントや特集で市場全体の流れをつかもう。大局をとらえれば、個別銘柄の売買タイミングが見えてくる

ここを見てね!

市場全体の流れを読むことが大切

　銘柄を選択したり売買タイミングを探ったりする際、当該銘柄のページとともにぜひ活用いただきたいのが、巻頭ページの**今（春、夏、秋、新春）号のポイント**です。

　個々の記事や業績予想には、記者が取材で得たさまざまな情報が織り込まれています。こうした会社に対する見方を市場全体や業種で集計することにより、景気ははたして上向くのか後退するのか、会社の設備投資や個人消費の動向はどうかといった経済の現況と方向性が浮かび上がってきます。**今号のポイントは、『四季報』編集長が上場企業全体の最新の業績動向や注目点、今後の見通しに関して解説**を行うものです。また記者が予想の前提とした為替レートなどのマクロ経済の想定シナリオについても説明しています。

　たとえば、右図にある2020年新春号のポイントのタイトルは「貿易摩擦長期化で減益見通しに転落　製造業の底打ち、内需堅調持続で来期は増益へ」となっています。本文では、米中貿易摩擦の激化や円高傾向、商品市況安などを背景に、製造業の業績見通しが前号の秋号

『四季報』編集長が注目点を簡潔に解説！

新春号のポイント

貿易摩擦長期化で減益見通しに転落
製造業の底打ち、内需堅調持続で来期は増益へ

◎ 四季報予想について

上場会社全体の7割を占める3月期決算会社の2020年3月期第2四半期決算が出そろいました。決算を受けて、会社四季報の業界担当記者が独自に取材し、今期および来期の業績予想を見直しました。3月期以外の会社も、直近の四半期決算と取材を基に、予想数字を検証しています。業績予想についてコメントしている記事前半では、決算期によっては来期についても触れています。

今期（19年10月期〜20年9月期、対象3354社）の予想営業利益は、製造業が前期比9.9％減、非製造業も同2.8％減、金融を除く全産業では同6.6％減と厳しい業績見通しとなりました。

19年9月に発売した四季報秋号の集計値と比較すると、金融を除く全産業の利益は7.6％の下振れとなっています。製造業では、米中貿易摩擦の激化や円高傾向、商品市況変化などが前号からの見通し悪化につながりました。これに対して非製造業では、ソフトバンクグループが全体を下押ししている影響が大きく、同社を除くと非製造業の業績予想は、前号比で微減に踏みとどまっています。

捗率、下の行は今期の進捗率でカッコ内は3期平均との差です。今期の進捗率が過去に比べて高い場合は、今後、会社予想が上方修正される場合があります。一方、進捗率が低い場合は、下方修正の懸念があります。売上高や費用の計上時期のずれなどが要因の場合もありますので、四季報の予想数字や本文と照らし合わせながらご覧ください。

巻末には「各社の想定レートと為替感応度調査」を特集しています。

◎ 市場別集計

決算実績および業績予想を市場別に集計したのが下表です。今期の予想営業利益は1部が前期比7.0％減、新興市場は33.6％減と減益の一方、2部は東芝と千代田化工建設の寄与で96.9％増の大幅増益、JASDAQも1.4％増の増益予想となりました。

市場別決算業績集計表（前期比増額率）（単位:%）

	決算期	合計(3354社)	1部(1936社)	2部(469社)	JASDAQ(622社)	新興市場(298社)
売上高	前期(実)	6.1	6.2	0.5	4.0	18.1
	今期(予)	0.6	0.6	▲0.5	2.4	9.4
	来期(予)	2.7	2.6	3.6	3.7	11.8
営業利益	前期(実)	3.3	3.9	38.9	1.8	▲20.3
	今期(予)	▲6.3	▲7.0	96.9	1.4	▲33.6
	来期(予)	8.6	8.2	16.2	13.4	107.6
経常利益	前期(実)	1.5	2.0	▲41.1	3.3	▲27.7
	今期(予)	▲4.7	▲4.9	35.9	▲1.0	▲41.8
	来期(予)	6.2	5.5	63.1	13.9	147.5
純利益	前期(実)	▲4.8	▲4.8	▲3.1	▲5.9	▲85.6
	今期(予)	▲5.4	▲3.2	79.0	7.9	赤字化
	来期(予)	5.6	4.6	97.4	15.3	黒字化

◎ 特集：株主資本配当率

> 業績の動きが、1部、2部、JASDAQ、新興市場と、市場別にわかる

から下振れたこと、その一方で非製造業は一部会社を除き業績が前号比で微減益にとどまっていることなどをまとめています。

市場全体や業界の動向を示す今号のポイントを踏まえたうえで、気になった会社の記事や業績予想を分析すれば、その銘柄の投資妙味や売買タイミングが、よりはっきり見えてくるはずです。

こうした分析をより詳しく表したものが、各社の決算データと今・来期の業績予想数字を集計した**市場別決算業績集計表**と、今号のポイントとは別ページに掲載している**業種別業績展望**です。どちらも、

『四季報』が全掲載会社について、独自の2期予想を行っているからこそできる、オリジナルの情報です。

　市場別決算業績集計表では、東証1部、2部、JASDAQ、新興市場という切り口で前期からの売上高や利益の増減を集計しており、本文でコンパクトな解説を加えています。

　外国人などの機関投資家は、巨額の資金を運用する必要があるため、どうしても投資対象は東証1部、なかでも時価総額の大きい有名企業に偏る傾向があります。これに対して個人投資家は、値動きがよく、成長期待の大きいJASDAQや新興市場の銘柄に、より多くの興味を向けています。**市場別決算業績集計表では、好業績なのは新興市場の会社か、あるいは1部市場に上場している大企業かといった形で、上場市場別の業績動向がひと目でわかる**ようになっています。

業種から有望銘柄に狙いを定める方法も

　業種別業績展望では、東証の33業種分類に基づいて、業種ごとに売上高、営業利益、経常利益、純利益の前号に比べた増減率と、3期分（前期実績と今期および来期予想）の前期比増減率を掲載しています。この表によって、どのような業種が成長・拡大基調にあるのか、あるいはどの業界の収益が縮小傾向にあるのか俯瞰できます。全産業のほか、製造業、非製造業、金融業といった切り口でも集計しているので、業種別に加えて、より大きな視点で業績の動向を確認できるようになっています。

　その会社の属する業種全体の業績見通しが好調であれば、背景に大きな需要があったり、また経済構造が転換する中で、その業界にフォローの風が吹いていたりする可能性も考えられます。**業種別業績展望から増益率の高い、業績好転の度合いが大きい業種をチェックして、そこから有望銘柄をピックアップ**していくのも、1つの方法です。

業種別業績展望でトレンドを把握する

業種	集計社数	売上高 今期予想合計額(億円)	前号比増減率(%)	前期比増減率(%) 前期実績	今期予想	来期予想	営業利益 今期予想合計額(億円)	前号比増減率(%)	前期比増減率(%) 前期実績	今期予想	来期予想
食料品	110	239,717	(▲0.9)	2.2	2.1	2.8	16,893	(▲4.3)	▲1.4	▲7.6	13.5
繊維製品	51	61,249	(▲3.6)	4.8	0.8	3.3	3,486	(▲6.9)	▲10.5	0.7	5.9
パルプ・紙	23	51,550	(▲1.6						27.3	23.7	8.0
化学	188	363,986	(▲1.6						0.3	▲5.2	4.6
医薬品	60	112,961	(0.						5.3	▲7.4	28.1
石油・石炭製品	10	201,596	(▲7.						0.6	▲33.1	14.9
ゴム製品	16	53,326	(▲3.						▲6.0	▲16.9	3.9
ガラス・土石製品	51	68,832	(▲3.6						12.8	▲15.1	13.0
鉄鋼	37	49,897	(▲4.0						▲16.8	▲16.9	7.5
非鉄金属	30	96,034	(▲3.4)	2.0	▲3.8	2.4	3,499	(▲17.6)	▲22.6	▲16.7	12.2

前期比と前号比が掲載されているので、**上昇トレンド**、**下降トレンド**にある業種がひと目でわかる

製造業、非製造業、金融業、全産業でも集計しているので、大きな流れをつかめる！

　個別企業をみる際に、業界全体の平均値の変動と比較することで、その会社の強さ、弱さがみえてきます。業界全体が停滞気味であるのに、その会社だけが高い成長率を維持している場合は、何がその原動力となっているのかを意識して業績記事をみていくと、同業他社にはない強い商材を持っている、新たな事業領域を確立しているなどの違いが見つかるでしょう。逆に業界全体が好調なのに、その会社だけが停滞・苦戦している場合には、事業戦略に問題を抱えている可能性も考えられます。

　業種別業績展望では業種ごとに、PBR（株価純資産倍率）、今期予想・来期予想ベースの２種類のPER（株価収益率）といった代表的な株価指標も掲載しています。注目する業種と会社の業績動向と株価指標、株価の動きを毎号、継続的にチェックしていけば、経済全体や他の業界との関連性、株価の動きなどその業種に対する理解が深まります。銘柄選択や売買タイミングの精度向上につなげることが期待できるでしょう。

第7章　売買チャンスはこうつかむ！

7 新規公開、新興株に投資する際の注意点

新規公開株や新興株は短期で利益を得られることも多いが、ハイリスク・ハイリターンが基本。事前のチェックをしっかり忘れずに

ここを見てね！

新規公開株の価格はこう決まる

　未上場の会社が株式を証券市場に上場することを**新規株式公開(IPO)**といいます。株式公開では、新株を発行し、株式市場から新たな資金調達を行う**公募増資**や、オーナーなど既存株主が保有株式を売却する**売り出し**が行われます。

　株式市場がリーマンショックによる低迷を完全に脱した2010年代半ば以降、毎年100社近い会社が株式を取引所に上場する状況が続いています。『四季報』は、上場直後の会社であっても、独自の調査・取材を踏まえて情報提供しています。**『四季報』の発売後に上場が予定されている会社については、巻末の「最新上場会社」ページに、事業内容や経営成績など、基本情報**をまとめています。

　会社がIPOを決めると、主幹事となる証券会社は機関投資家に意見を聞き、購入を希望する投資家に対して提示する株価の範囲を決めます。この価格帯を**仮条件価格**と呼び、この価格に基づいて、証券会社は、投資家から購入希望株数と価格の申し込みを受け付けます。これを**ブックビルディング**と呼びます。その後、主幹事証券は投資家の予

上場ホヤホヤの企業も掲載している

役員と株主構成を併せてみると、**創業社長かサラリーマン社長か判別できる**

大株主にベンチャーキャピタルがいれば、一定の売却不可（ロックアップ）期間後は**利益確定売り圧力が強まりやすい**

事業内容と従業員数、設立年をみれば、**会社の規模がイメージできる**

上場予定日と主幹事証券会社のチェックは必須！**主幹事証券によって上場後の成長性にバラツキが出やすい**

```
                  4478 フリー
【事業】スモールビジネス向け統合型クラウドサービスの提供
【本社】141-0031東京都品川区西五反田2-8-1
                          TEL03-6630-3231
【URL】https://corp.freee.co.jp/
【設立】2012年7月【決算】6月
【役員】(代取)佐々木大輔(取)東後澄人 尾形将行 平栗
遵宜 川合純一*(常監)内藤陽子*(監)原幹* 平山剛*
【従業員】連409名  単409名
【株式】10/31 41,204千株(売買単位)100株
【株主】佐々木大輔(28.6)DCMV(13.3)A-Fund1LP(7.8)
【証券】[上]東京マ[幹](主)三菱UモルS(副)大和、
Mリンチ、SBI、野村、みずほ、岩井コスモ、東洋、
楽天、いちよし、エース、ちばぎん、東海東京、
丸三、水戸等(名)三菱U信[監]あずさ
【公募】19.12払5,435千株(‥円)公募後株数46,639千株
【総資産】7,380【自己資本】4,189(56.8%▲288.0円/1株)
```

【業績】	売上高	経常益	利益	1株益	1株配
単18.6	2,414	▲3,399	▲3,405	▲92.9	0
連19.6	4,516	▲2,850	▲2,778	▲68.3	0
会20.6予	6,941	▲3,127	▲3,135	▲76.1	0

新規公開株への投資はハイリスク・ハイリターンが原則！

業績や財務面に不安がないかチェック。決算期の横の＊は1株益や1株配が株式分割遡及修正後の数値であることを示す

約状況などを考慮したうえで公開価格を決定します。申し込みが多数の場合は、原則として抽選で割り当てを決めることになります。

　IPOでは、最初につく価格（初値）が公開価格を大きく上回り、投資家が短期間で利益を手にできるケースもあります。一方、成長がそれほど期待できないと思われたり、株式市場全体が低調だったりする場合は、初値が公開価格を下回り、いきなり含み損を抱えることもあります。上場初日やその直後は投資家の思惑が交錯し、値動きが荒くなりがちです。こうした点を踏まえ、証券会社では新規公開株割り当ての際、投資経験や資金力を考慮することがあります。

　新たな商品・サービスを提供したり、ビジネスモデルがユニークだったりする会社に対しては、たとえIPOで株式を取得できなかったとしても、上場後にさらに人気が高まり、短期間で大きな売却益を稼げることもあります。じっくりと保有を継続した場合、狙いどおりに

順調に成長すれば、大きな含み益を得ることも可能です。このような魅力がある一方、上場したての会社は業績や財務の安定性には欠けることも確かです。**新興企業への投資は、IPO投資、上場後の投資ともハイリスク・ハイリターン**であることに十分注意してください。

そのため、投資にあたっては、事業内容や業績動向、成長性への十分な理解や確認が欠かせません。会社は、投資家への情報開示を目的とした書類である**目論見書**を開示しますので、幹事証券会社のホームページで確認してください。

PERがダメならPSRで割安・割高を確認

成長期待が高い銘柄であっても、すでに株価が成長性を織り込んでいれば、なかなか儲けを手にできません。利益を基準に株価の割安・割高を判断する指標がPER（株価収益率）ですが、新興株、とりわけIPOからまだ年数を経ていない銘柄は、赤字だったり、利益が出ていたとしても小さかったりで、PERが使いづらいことがあります。

そこでお勧めする指標が**PSR（Price to Sales Ratio：株価売上高倍率）**です。『四季報』に直接掲載はしていませんが、**時価総額を売上高で割れば求められます。赤字会社でも算出できます。PERと同様に、倍率の低いほうが割安**です。ただしPSRは、薄利多売か、あるいは高付加価値を追求する会社かなど、業種やビジネスモデルによっても数字が異なります。この点『四季報』では、同業や類似業種の上場会社を【比較会社】として掲載していますので便利です。

上場してまだ日の浅い銘柄では、株価チャートも十分な期間がなく、テクニカル分析の手段も限られます。ただ、売買タイミングを計る手がかりがないわけではありません。ローソク足の分析で、株価の勢いと先行きの方向性を探る方法もその1つです。

なお、**公開価格や初値といった節目となる株価の水準には十分な注**

新興株にはPSRが便利なものさしに

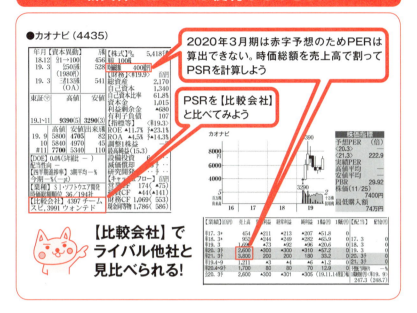

意が必要です。公開価格や初値をいったん下回ると、そこまで株価を戻すのはなかなか大変です。公開価格や初値が多くの投資家の買い値を示すことを思えば、これらの株価を巡る値動きが、重要なポイントとなることは容易に理解できるでしょう。

　上場前の未公開株に投資していたベンチャーキャピタルが、利益確定などを目的に持ち株を売却することがあります。株価形成の需給面への配慮から、上場後数カ月間は持ち株を売却しない約束をするロックアップを導入する会社もありますが、その期間明けは売りに回る可能性があることも頭に入れておいてください。ロックアップは「公開価格の何倍以上の価格がついたら解除される」という例外規定が付いている場合もありますので、目論見書をチェックしておくことが大切です。

第8章

お宝株発掘の
実践テクニック

1 特色と連結事業でトップ企業の次の戦略を読め

特色は人間でいえば自己紹介。値上げという強力な武器を持つ業界トップ企業を探し出せ!

ここを見てね!

【資本異動】	【株式】【財務】	【株主】		【材料欄】	【業績欄】	【特色】【連結事業】	社名	コード
		【役員】						
【特集】	【CF】	【連結】						
【業績】 四季報予想 会社予想		【配当】	【本社】【証券】					

特色で業界首位、世界トップ企業を探せ

　この章では、**銘柄探しの練習**をしましょう。まず証券コードと社名の左側に記載されている【特色】欄の実践的な見方を紹介します。

　特色は人間でいえば自己紹介です。職業は何で、得意技は何かといったことが40字強に濃縮されていて、『四季報』の特徴の1つです。留意しておくとよいのは、その会社の業界内での地位や世界におけるシェアやポジションです。ためしに『四季報オンライン』で「首位」の記載がある会社を検索すると、「サカタのタネ（1377）＝種苗首位級」「東京応化工業（4186）＝フォトレジストで世界首位級」など400件弱がヒット、「世界シェア」で検索すると「長野計器（7715）＝機械式圧力計はグループで世界シェア首位」「ホシザキ（6465）＝製氷機世界シェア約3割」などがヒットします。「断トツ」「独占」などで調べても、意外な世界一企業を見つけることができます。

　ところで、なぜ業界内の地位や世界シェアでトップ企業であることが重要なのでしょう。それには2つの理由があります。

　1つは業界のトップ企業は新聞や雑誌などのネタとして扱われる機

特色でわかる業界地位。競争力があれば値上げも。ニュースにもなりやすい

会が多いため、株式市場でも比較的人気が高いということです。

2つ目は、こうした会社は**他社にはない強力な値上げという"武器"を持っている**からです。先陣を切っての値上げはトップ企業にしかできません。逆に2番手、3番手企業が値上げした場合、トップシェアを握っている会社は値段を据え置いたまま体力勝負の持久戦に持ち込み、下位企業をたたきのめすこともできるでしょう。値上げは消費者目線では好ましいことではありませんが、投資家目線ではポジティブに受け止められることが多いようです。それは、値上げという切り札によって売上高を維持したり、ときには利益の急増をもたらしたりするからです。こうした例は食品メーカーに多く見られます。

5%値上げで増益効果700億円の迫力

　右図はヤマトホールディングス（9064）の2018年春号の記事です。2018年3月期は宅急便の料金を27年ぶりに全面改定した期に当たります。『四季報』には「大口顧客1100社との運賃交渉はほぼ決着。平均値上げ率は15%以上……」とあり、値上げ交渉にかなりの強気で臨んだことがわかります。

　なぜ強気で臨めたかはおわかりでしょう。特色に「宅配便首位、全国に約4000拠点擁し国内シェア約47%」とあるように、業界トップ企業であること、さらに人手不足や過労死が社会問題となり、日本中で働き方改革の嵐が吹きまくっていたためでした。

　「10月1日。宅急便の値上げをいたします。ご理解とご協力を、お願いいたします。」──ヤマトHLDが新聞1面を使った値上げ広告を掲載したのは2017年5月22日。株価が2400円を挟んだ往来相場を続けていたころです。この値上げをきっかけに、株価は翌2018年9月高値の3559円へ急上昇しました。

　実は、**早い段階から、この値上げがどれほどのインパクトになるか気づいていた読者がいました。その読者が見ていたのは、特色のさらに左側にある【連結事業】欄**です。そこにはこう書いてあります。

　「デリバリ78（0）」──デリバリは宅急便事業を指します。「78」は全売上高の78%を宅急便で稼いでいるという意味です。前期の売上高は1兆4668億円でしたから、78%に当たる約1兆1400億円が宅急便による売上高でした。

　ところがです。「78」の下に「（0）」とあります。このカッコ内の数字は「売上高営業利益率」です。100円売ったらそのうちいくらが儲けになるかを示したもので、売上高営業利益率が20%なら20円、10%なら10円が儲けとなり、数字が大きいほど収益性がよいことを

特色欄と業績を見比べてお宝ネタを発見！

●ヤマトHLD（9064）2018年春号

2017年に27年ぶりに値上げ。その背景にあったものは？

値上げは、業績の大崩れを防ぎ、ときには利益の急増をもたらす

意味しています。ヤマトHLDの場合、これがなんとゼロ！　一般にヤマトといえば宅急便で儲けている会社をイメージしますが、その宅急便は実は1円も儲けを出さず、2017年3月期の営業利益348億円は宅急便以外の引越しや決済代行などのビジネスで稼いでいたのです。

　値上げが成功して、もし売上高営業利益率が5％になったら営業利益は700億円も増える計算になります。株価がこれを素直に織り込めば人気化するのは当然でした。もっとも、ヤマトHLDの目論見は今なお道半ばで、業績は回復基調とはいえ、人件費高とのいたちごっこが続いています。アマゾンなど大口顧客の戻りも悪く、株価は往って来いとなっています。

2 収益構造を知れば、会社の姿が見えてくる

実は本当の姿を知らない会社も多い。【連結事業】で思い込みをなくし正しい投資判断を下そう

ここを見てね！

【資本異動】	【株式】【財務】	【株主】		コード
			【材料欄】	【業績欄】
				【連結事業】
		【役員】		【特色】
【特集】	【CF】	【連結】		社名
【業績】四季報予想会社予想		【配当】	【本社】【証券】	

その会社が力を入れるのは国内か海外か?

　昔から知っているほど勘違いしやすいのが会社の**利益の源泉**、つまり儲け頭です。企業活動の目的は利益の最大化であり、会社はたとえ祖業であっても不採算事業は切り捨て、逆に新規領域へM&A（合併・買収）を駆使して進出していきます。なじみのある銘柄ほど**思い込み**に支配されやすく、投資判断を誤らせる傾向があります。

　ここでは3つの銘柄を使って、あなたがその企業の儲け頭をどれだけ理解しているか、チェックしてみましょう。

　1つ目はヤクルト本社（2267）です。ヤクルトは言わずと知れた乳酸菌飲料メーカーで、ヤクルトレディーによる強固な販売網に特徴があります。筆頭株主は食品業界世界大手のダノンで、株保有の狙いはヤクルトが持つ乳酸菌シロタ株とされています。過去にはダノンがヤクルトを飲み込もうとして対立した歴史もあります。

　『四季報』の【連結事業】を見ると、「飲料・食品」は国内と海外に分けられ、国内が「46」、海外が「44」、つまり全売上高の46%は国内、44%は海外で稼いでいることがわかります。

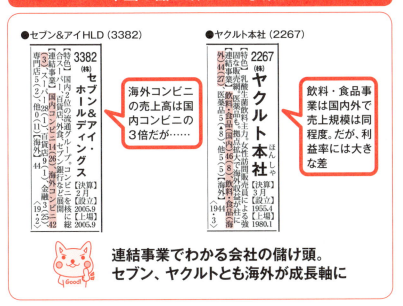

本当の儲け頭はどの事業か

●セブン&アイHLD（3382）

3382
（株）セブン＆アイ・ホールディングス
【特色】国内2位の流通グループ。コンビニを核に総合スーパー、百貨店、外食、セブン銀行など展開
【連結事業】国内コンビニ14〈26〉、海外コンビニ42〈3〉、スーパー28〈1〉、百貨店9〈1〉、金融〈19〈2〉、専門店5〈2〉、他0〈11〉、海外44
【決算】2月
【設立】2005.9
【上場】2005.9

> 海外コンビニの売上高は国内コンビニの3倍だが……

●ヤクルト本社（2267）

2267
（株）ヤクルト本社
【特色】乳酸菌飲料主力。女性訪問販売員による販売網。医薬品も。拠点拡大で海外収益が柱に
【連結事業】飲料・食品〈国内〉46〈8〉、飲料・食品〈海外〉44〈27〉、医薬品5〈8〉、他5〈5〉、海外〈3〉
【決算】3月
【設立】1955.4
【上場】1980.1
〈1944・3〉

> 飲料・食品事業は国内外で売上規模は同程度。だが、利益率には大きな差

**連結事業でわかる会社の儲け頭。
セブン、ヤクルトとも海外が成長軸に**

しかも国内と海外の利益率は、天と地ほどに差があります。カッコ内を見ると「国内（8）」、「海外（27）」とあり、**同じ100円を売っても海外が国内の3倍以上儲かる**構図です。今後も海外事業に経営リソースを投入し続けるのは誰の目にも明らかです。銘柄選択のときに、海外情勢が怪しくなってきたから「ここは内需株だ」と考えてヤクルトに矛先を向けようものなら、思惑と違う結果になるかもしれません。

2番目はセブン＆アイ・ホールディングス（3382）です。国内2位の流通グループで、コンビニエンスストアを中核にスーパーやデパート、セブン銀行、赤ちゃん本舗などの専門店を展開しています。

【連結事業】をチェックすると意外な点に気づきませんか。【連結事業】には「国内コンビニ14（26）」、「海外コンビニ42（3）」とあり、**セブン-イレブンの売上高は日本より海外が3倍の規模を持つ一方、ヤ**

クルトとは反対に海外の利益率が低いことわかります。

　しかし、裏返せば、海外は改善余地が大きいということでもあります。国内コンビニ飽和の時代といわれる中ではなおさらで、このことは2020年1月10日の株価の動きが証明しています。前日の1月9日にセブン＆アイが発表した2020年2月期第3四半期累計（19年3〜11月）連結決算は、売上高を示す営業収益が前年同期比1.9％減、営業利益が同4.9％増、当期純利益も8.8％増と減収増益となりました。サプライズとなったのは海外コンビニの利益の改善です。国内コンビニの営業利益が7.3％増だったのに対し、海外コンビニは11.4％増と2桁の伸びを見せたのです。収益性の低い店舗を閉鎖するとともにPB（プライベートブランド）商品に注力した結果で、株式市場はこれを好感したのです。

知らなかったでは済まされない

　最後はコシダカホールディングス（2157）です。もともとカラオケボックスを直営で展開する会社で、「カラオケ本舗まねきねこ」を軸に、1人カラオケ「ワンカラ」も展開する業界2位。その会社が2006年に女性専用の30分フィットネス「カーブス」をFC（フランチャイズ）で始めました。カーブスは米国テキサス生まれの世界最大のフィットネスチェーンです。毎月一定料金を払えば何度も使えるサブスクリプション（定額制）モデルの先駆けで、コシダカではこれがブレークして稼ぎ頭が交代しました。『四季報』2020年1集の【連結事業】は、**カラオケ「54」に対しカーブスが「43」と売上高で肉薄、売上高営業利益率はカラオケ「（13）」、カーブス「（20）」と差がつき、逆転している**のです。

　2019年7月11日、このことを知らないと、痛い目に遭う事態が起こりました。前日10日の大引け後にコシダカは2019年8月期の

上方修正なのに、株価はなぜ下落した？

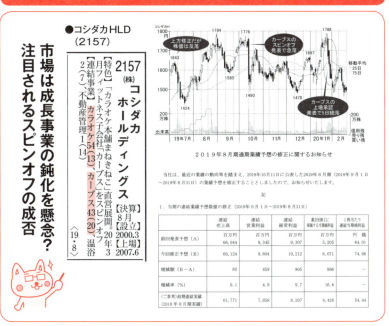

2019年8月期通期業績予想の修正に関するお知らせ

当社は、最近の業績の動向等を踏まえ、2018年10月11日に公表した2019年8月期（2018年9月1日～2019年8月31日）の業績予想を修正することとしましたので、お知らせいたします。

記

1.当期の連結業績予想数値の修正（2018年9月1日～2019年8月31日）

	連結売上高	連結営業利益	連結経常利益	親会社株主に帰属する当期純利益	1株当たり連結当期純利益
前回発表予想（A）	百万円 66,044	百万円 9,345	百万円 9,307	百万円 5,205	円 銭 64.01
今回修正予想（B）	66,124	9,804	10,212	6,071	74.66
増減額（B－A）	80	459	905	866	－
増減率（％）	0.1	4.9	9.7	16.6	－
（ご参考）前期連結実績 （2018年8月期実績）	61,771	7,858	8,207	4,426	54.44

連結業績予想の上方修正を発表しましたが、株式市場はこれに「売り」で応じました。なぜでしょうか。それは上方修正の理由が、カラオケの好調によるものだったためです。牽引役として期待されたカーブスは、発表されたリリースによると、「会員数の伸びが従前に比べ鈍化しております…（中略）同セグメントの売上高及び各利益は期初計画を若干下回る」とありました。投資家はカーブスに期待していたのであり、いまさらカラオケでもないと判断したのです。コシダカはその後、カーブスのスピンオフ（特定部門を分離し新会社として独立させる）を決議し、2020年1月27日、東証から3月2日付で上場承認を得たと発表しました。するとコシダカ株は翌18日から5日続落となりました。それは7月の下落が、先読みしていたことの証明でもあります。

3 株価上昇を察知する 「へー」と「あれっ」

平均年収は成長企業を発掘するためのヒント。事実と変化に対する「気づき」の醍醐味を味わおう!

ここを見てね!

【資本異動】	【株式】【財務】	【株主】		【材料欄】	【業績欄】	【特色】【連結事業】	コード 社名
		【役員】					
【特集】	【CF】	【連結】					
【業績】 四季報予想 会社予想		【配当】		【本社】 【従業員】			

平均年収の変化が大化けを先取り

『四季報』を読む醍醐味は、ひと言で言えば**気づき**にあります。

ある会社の特色を読んで「この会社はこんな事業も手がけていたのか」というのは初歩の初歩として、たとえば「ユニクロ」を展開するファーストリテイリング（9983）の【株主】欄を見ると2020年新春号には「4826名」とあり、そのすぐ下に掲載されている通信のソフトバンクグループ（9984）の「22万2941名」と比べ、株式市場で日々話題となる会社にしては驚くほど少ないことに「気づき」ます。

これがいわば**事実を知る**「へー、そうだったのか〜」という気づきとすると、『四季報』にはもう1つ重要な気づきがあります。それは**変化に気づく**こと、いわば「あれっ」という気づきです。そのためには『四季報』を毎号続けて読んでおく必要があります。

ここで取り上げる銘柄は、札幌に本社を置き、化粧品や健康食品のネット通販で成長した北の達人コーポレーション（2930）です。2002年の設立で上場は2012年。業績は2016年2月期以降の伸びが顕著で純利益は3年間で5倍増、株価はさらに凄まじく2018年4

平均年収の変化に気づけば先回りできた!?

2017年春号		2018年春号		2018年夏号		2019年夏号
394万円	⇒	**429万円**	⇒	**531万円**	⇒	**544万円**
（31.3歳）		（31.5歳）		（32.5歳）		（32.5歳）

●北の達人コーポレーション（2930）　2019年秋号

平均年収や従業員数の変化は
変化を知るための重要ポイント

月までの**1年ちょっとで20倍に上昇**しました。

　実はこの銘柄、**ある変化に気づいていれば株価上昇を先回りできた**銘柄なのです。**それは平均年収の変化**です。図にまとめた北の達人の平均年収の変化を見てください。まず一番左の数字は『四季報』2017年春号に掲載されたもので、従業員の平均年齢である「31.3歳」の平均年収は「394万円」でした。これ自体は驚くような数字ではありません。その隣はその1年後の『四季報』です。平均年収が429万円に約35万円（8.9％）アップしていますが、驚くのはその右の3カ月後に出た『四季報』の数字です。平均年齢はほとんど変化がないのに年収は実に531万円へと102万円（23.8％）も上昇しているのです。これが「あれっ」という気づきです。毎号継続して1つの銘柄をウォッチ

していないと、なかなか気づきにくい変化です。

「531万円」という数字が掲載された2018年夏号にはこう書かれています。「18年4月入社から総合職の初任給を大幅引き上げ」と。具体的には24万円だった初任給を実に34万円へ引き上げました。ベンチャー企業、オーナー企業でなければできない芸当です。株価が1年で20倍に高騰したのはまさにこの時期です。『四季報』に掲載されている**平均年収のミソは、「四季報の見方・使い方」にも書かれているとおり残業料と賞与が含まれている点にあります。つまり、この数字にはその会社の繁忙ぶりが如実に表れている**のです。

拡大戦略は1人当たり売上高や営業利益で検証

この事実に後になって気づいても、後の祭りです。しかし、新しい『四季報』が出るたびに年収が大きく増えている銘柄を見つけられたらしめたものです。ベイカレント・コンサルティング（6532）もその1社です。1998年設立のIT（情報通信）コンサルティング会社が前身で、経営やITに強いコンサルタントをそろえ、IT技術を用いた経営戦略・ビジネスプロセスを中核として、ITコンサルやシステムインテグレーションも手がけています。

ベイカレントの平均年齢と平均年収の推移を見ると、2017年春号から2019年夏号の間で平均年齢に大きな変化はありませんが、年収は顕著に増えています。とくに2017年夏号と2019年夏号で大きく増えており、株価チャートを併せてみると実は株価もこのときに大きく上昇しているのがわかります。

また、2019年秋号の記事を読むと「採用300人強と強気」とありますが、コンサルという職業は労働集約型であるため従業員数を増やせば売上高も増やしやすい構造にあります。北の達人も2019年秋号の記事に、似たような記述で「【増強】札幌と東京合計で今期に人員5

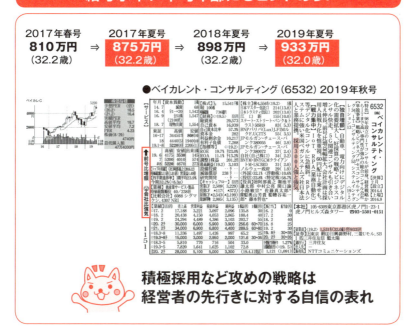

給与水準、平均年齢にもヒントあり！

2017年春号		2017年夏号		2018年夏号		2019年夏号
810万円 （32.2歳）	⇒	**875万円** （32.2歳）	⇒	**898万円** （32.2歳）	⇒	**933万円** （32.0歳）

●ベイカレント・コンサルティング（6532）2019年秋号

積極採用など攻めの戦略は
経営者の先行きに対する自信の表れ

割増計画」と書いてありました。**両社とも、これまでは人員増強ではなく年収を引き上げることに力を注いできましたが、今後は社員数の大幅増に踏み切ると宣言**しているわけです。いずれも株価はすでにピークアウトしている感がありますが、もしこの拡大戦略が成功すれば第2の成長期に入る可能性もありそうです。

　ちなみに、両社のように拡大路線を突っ走る会社の場合、**人員拡大戦略が成功したかどうかを確認するためには、従業員1人当たりの売上高や営業利益が減っていないかを見れば検証できます**。1人当たりの売上高、営業利益は、エクセルなどのワークシートを使えば、売上高や営業利益を従業員数で割って求められます。時系列でウォッチしておくと便利です。

4 「旬の会社」を探せ！最高益企業の見分け方

大化けを期待できる好業績企業の
キーワードは復活。自己変革型に加
え社会変化＝追い風型に妙味

ここを
見てね！

【資本異動】	【株式】【財務】	【株主】		【材料欄】	【業績欄】【連結事業】	コード 【特色】社 名
	【最高純益】	【役員】				
【特集】	【CF】	【連結】				
【業績】四季報予想会社予想		【配当】	【本社】【証券】			

"最高益"の3パターン、狙い目は復活企業

　株式投資では、その会社が**どの成長段階にあるか**を押さえることが重要です。『四季報』には過去3～6期分の業績実績が掲載されていますが、増収増益決算が続くと「今が旬」と思う読者もいるでしょう。しかし、本当にそうでしょうか。以前はもっとすごい業績だったかもしれません。では、どこで判断したらよいのでしょう。実は、『四季報』の【指標等】欄の**最高純益をチェック**すると、手っ取り早く確認できます。**最高純益欄にはその会社の自己ベストと、それを記録した決算期**が記されています。最高益を記録したのが、去年か20年前かがわかれば、本当の旬の時期を見分けることができます。

　最高益更新会社には大きく3パターンがあります。**1つ目は、毎年のように最高益を更新するパターン**。2020年2月期に33期連続最高益を更新した家具・インテリア小売チェーン、ニトリホールディングス（9843）はその代表格です。埼玉県を中心に食品スーパーを展開するヤオコー（8279）も2019年3月期に30期連続で最高益を更新しました。ただ、こうした連続更新組は株価的にはすでに"織り込み

「○年ぶり最高益」はその背景が大事

●日本KFCHLD（9873）2019年秋号

「自己変革型」でV字回復。
株価、利益とも27期ぶり水準に

済み"の場合が多く、妙味が少ないことも多々あります。

2つ目は、景気や新製品サイクルなどに合わせて数年おきに最高益を更新するパターン。工作機械や半導体業界が典型です。

工作機械用NC（数値制御）装置の世界首位、ファナック（6954）の最高純益は2015年3月期の2075億円。その前の自己ベストは3年前の2012年3月期1388億円でした。半導体関連は東京エレクトロン（8035）の人気が高いですが、自己ベストは2019年3月期2482億円で2017年3月期から3期連続更新。その前は2008年3月期1062億円でした。つまりリーマンショック直前の記録を約10年更新できなかったわけで、景気循環と関係が深そうです。こうした銘柄は値動きが荒く、業績に比例して2倍、3倍高となるなど投資妙味は

第8章

お宝株発掘の実践テクニック

243

高い一方、需要のピークやボトムを見分けることはプロでも難しく、投資初心者は高値づかみや急落に遭いやすいことが難点です。

　3つ目は、忘れ去られていたような会社が十数年あるいは何十年という月日を経て久々に最高益を更新するパターンです。株価インパクトが大きく、最も投資妙味があるパターンです。

久しぶり最高益企業はその背景が大事

　この3番目のパターンはさらに2種類に分かれます。**まず、何年もかけ自己変革を進め、苦しみながら収益力回復に成功するケース**です。

　2018年3月期に純利益ベースで10年ぶり、営業利益ベースで23年ぶりに最高益を更新したソニー（6758）が好例です。株価は2020年1月に8113円まで買われましたが、もし2017年10月の押し目で買っていれば2倍、2012年11月安値で買っていれば10.5倍の儲けになった計算です。国際優良株にしてテンバガー（株価が10倍になった銘柄）という例はめったに聞きません。

　比較的新しい例としては、243ページにある日本KFCホールディングス（9873）の2019年秋号を見てください。最高益は1992年11月期の22.71億円。一方、『四季報』の2020年3月期純利益予想は25.50億円で、途中の決算期変更を挟み27期ぶりの最高益見通しだとわかります。この原動力は2018年7月に始めた500円ランチです。それまでクリスマスを含む10〜12月期に、年間利益の8割弱を稼いでいた収益構造が一変しました。株価は2019年7月の約2000円から同年12月に約3600円へ5カ月で80％上昇と、27期ぶりの高値圏に買い進まれました。

　もう1つは、社会の変化が追い風となり、気づけば「旬の会社」になるケースです。そうした会社が2015〜2016年に急増しました。

旬の会社か、旬を過ぎた会社か

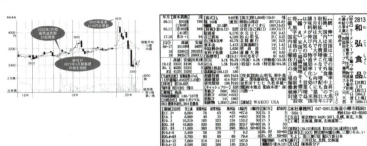

時代のニーズをとらえるヒット商品。
四季報記事はお宝情報が満載

この期間に最高益を更新した帝国ホテル（9708）は28年ぶり、羽田空港旅客ターミナルビルのオーナーで免税店を展開する日本空港ビルデング（9706）は24年ぶり、「セロテープ」で有名なニチバン（4218）は20年ぶりの記録更新でした。背景にあったのは、インバウンド（訪日外国人客）の急増です。こうした会社は、一様に株価も急騰しました。

　最後に、ラーメンスープやおでんのたれ専業の和弘食品（2813）の2020年春号を見てみましょう。北海道小樽市に本社を置き、街のラーメン店が主な顧客で、市場は限られていました。そこに人手不足の追い風が吹きます。居酒屋などの外食チェーンやコンビニは人手不足から、従来のオペレーションを維持できなくなっていました。そこで、和弘食品の、小袋タイプで、開けて混ぜるだけという調理簡単な商品がヒットしたのです。2020年3月期は31期ぶりに最高純益を更新する見込みです。株価は2016年秋口から2020年初頭にかけて2倍以上にハネ上がりました。無風状態が常だったこの銘柄にしては特筆すべき動きといっていいでしょう。

5 CFをチェックすれば危ない会社がわかる

キャッシュフローはM&A（合併・買収）の成果の点検には不可欠。資金繰りもチェックできる

ここを見てね！

【資本異動】	【株式】【財務】	【株主】			コード
		【役員】	【材料欄】	【業績欄】	【特色】【連結事業】 社名
【特集】	【CF】	【連結】			
【業績】四季報予想 会社予想		【配当】	【本社】【証券】		

破綻は資金繰りに窮したときに起きる

　銘柄を選ぶときに大切なのは成長性と安全性です。成長性があるように見えても、財務が脆弱で、突然、つまずいてしまう会社も少なくありません。

　右図は、過去の『四季報』からある会社の業績予想と財務欄を切り出したものですが、これを見てあなたはどう思うでしょうか。多くの人は投資に前のめりになったのではないでしょうか。業績は右肩上がり。営業利益は5年で5倍超という急成長企業です。配当も前期は25円から60円へ大幅に増配し、今期（2009年3月期）も連続増配予想です。この『四季報』は2008年秋号、つまり2008年9月に発売されたものですが、では3カ月後、この会社はどうなったでしょう。

　答えは破綻です。この会社は負債総額1615億円を抱え2008年11月、東京地方裁判所に民事再生法を申請し、同年12月に上場廃止となったワンルームマンション販売のモリモトです。掲載された最後の『四季報』となった2009年新春号には次のように書いてあります。

　「【上場廃止】マンション分譲は「クレッセント川崎タワー」など引き

この会社の3カ月後の株価はいくらか？

【業績(百万円)】	売上	営業利益	経常利益	利益	1株益(円)	1株配(円)	【配当】	配金(円)
連04. 3	60,626	4,258	3,148	1,784	171.9	25	03. 3	25
連05. 3	71,744	6,136	4,827	2,619	252.5	25	04. 3	25
連06. 3	77,959	9,429	7,458	3,939	384.8	25	05. 3	25
連07. 3	95,607	13,359	10,921	6,077	593.6	25	06. 3	25
連08. 3	117,636	18,383	18,336	9,852	935.9	60	07. 3	25
連09. 3予	155,700	23,800	20,200	11,000	828.7	90	08. 3	60
連10. 3予	165,000	24,800	21,200	11,500	866.4	90~100	09. 3予	90
中07. 9	30,890	4,878	5,161	2,817	275.1	0		
中08. 9予	71,800	15,300	13,300	7,300	550.0	0	予想配当利回り	7.69%
会08. 4-6	13,747	▲2,194	▲3,235	▲1,823	▲137.4		前期配当(円)〈連08.3〉 3,322 (2,714)	

【株式】 1/31 13,273千株
単位 100株
時価総額 155億円
【財務】 百万円
総資産 228,635
株主持分 44,094
株主持分比率 19.3%
資本金 5,771
利益剰余金 33,426
有利子負債 148,780
【指標等】 〈連08.3〉
ROE 22.3% 予24.9%
ROA 4.3% 予 4.8%
調整1株益 一円
最高純益 852
設備投資 予
減価償却 148 予
研究開発 予
【キャッシュフロー】 億円
営業CF ▲161 (▲368)
投資CF 1 (▲3)
財務CF 192 (335)
現金同等物 187 (154)

■時価は1170円（PBR0.35倍）
①3300円（PBRの1倍水準）
②6600円（PBRの2倍水準）
③8300円（予想PER10倍水準）
④その他

市場はなぜ低く評価したのか？
鍵は"資金繰り"にあった

渡しは増勢。が、10月に入り不動産流動化事業で契約済みだった31億円の大型オフィスビル（芝3丁目）にキャンセルが発生。資金繰りが急悪化」。

そう、**資金繰りの悪化が破綻につながった**のです。上図の『四季報』が発売されたころのモリモトの株価は1170円。これはPBR（株価純資産倍率）で0.35倍、予想PER（株価収益率）は1.4倍にすぎず、破綻は織り込まれていたとも言えます。

なぜ投資家はこの銘柄を低く評価していたのでしょうか。ヒントは『四季報』の【キャッシュフロー】欄にあります。営業キャッシュフロー（CF）は前期が161億円の赤字、その前の期が368億円の赤字と連続赤字で、いかにも稼いでいるように見えて資金回収が進まず、肝心の現金は流出していました。典型的な黒字倒産です。

昔からこうした状態を「勘定あって銭足らず」といいますが、これをチェックするのがキャッシュフローなのです。**損益計算書（PL）はあくまで会計上の数字であって、本当に現金を伴った儲けかはキャッシュフローを見ないとわかりません。**

キャッシュフローでわかる会社の実力

別の事例を紹介しましょう。右図は減量ジム「ライザップ」などを展開するRIZAPグループ（2928）の『四季報』2019年夏号です。芸能人を起用した「使用前、使用後」のテレビCMは社会現象となったほどで、株式市場でも人気化し、2017年4月まで200円前後でモミ合っていた株価は、その年の11月には1545円まで7倍高を演じました。

さて、ここで改めて業績とキャッシュフローを見てください。

RIZAPの最高純益は2018年3月期に記録した92.50億円で、その前の年に記録した76.78億円を連続で塗り替えた格好です。CM人気で社会の話題となっていた時期と重なるだけに、すんなりガッテンしてしまいそうですが、そこに落とし穴があります。

【キャッシュフロー】欄を見ると、営業CFのカッコ内に「0」とあります。カッコ内は2018年3月期＝最高益を記録した年のことです。1号前の2019年春号でその前年の2017年3月期のキャッシュフローを確認すると「175（百万円）」とあり、**最高益を記録した年の現金収入は実はほぼゼロで、その前の年も1億7500万円しかなかったのが実態**だとわかります（注：2018年3月期の営業CFは実際には8700万円ありましたが、『四季報』の単位は億円であるため切り捨て）。

なぜそんなことが起きるのでしょうか。からくりは**負ののれん**です。RIZAPは当時、赤字会社を次々と買収して子会社化し、買収価格とバランスシート上の資産価格の差を負ののれん（益）として計上していました。具体的にはインテリア雑貨のHAPiNS（7577）、衣料品

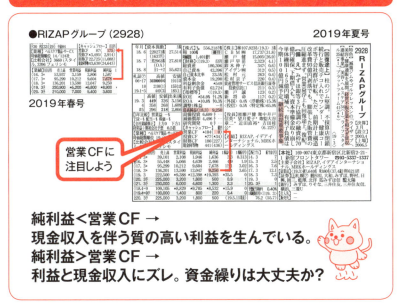

キャッシュフローはうそをつかない

●RIZAPグループ（2928）　2019年夏号

2019年春号

営業CFに
注目しよう

純利益＜営業CF →
現金収入を伴う質の高い利益を生んでいる。
純利益＞営業CF →
利益と現金収入にズレ。資金繰りは大丈夫か？

のジーンズメイト（7448）、和装中心の商社である堀田丸正（8105）などで、これが見かけ上の利益を大きく押し上げていたのです。

　このツケを払う形で、RIZAPの2019年3月期純利益は193億円の巨額赤字に転落しました。株価もつるべ落としとなり、足元の株価は再び200円割れと、文字どおり「往って来い」の状態です。

　ソフトバンクグループ（9984）の2019年7〜9月期の連結決算は最終損益が7001億円の巨額赤字（前年同期は5264億円の黒字）となりました。この決算内容を「ぼろぼろ」と評した孫正義社長は、シェアオフィス「ウィーワーク」の運営会社である米国ウィーカンパニーの投資損失だけで47億ドル（約5000億円）に達したことを「反省しなければならない」とし、今後は現金収支を押さえていくと強調しました。これもまたキャッシュフローの重要性を表した事例です。

6 売上高から見える 意外な投資のヒント

利益の源である売上高。新興の成長企業であれば5年で売上倍増、年間20%増収が目安になる

ここを見てね！

【資本異動】	【株式】【財務】	【株主】			コード
		【役員】	【材料欄】	【業績欄】	【特色】【連結事業】 社名
【特集】	【CF】	【連結】			
【業績】四季報予想会社予想		【配当】	【本社】【証券】		

数字を組み合わせて見える投資のヒント

　企業分析の世界で数字は重要な要素ですが、1つの数字だけ取り出すのではなく、他の数字と比べてはじめて意味を持ちます。

　たとえば**業績予想数字**も前期の実績がなければ、評価のしようがありません。同じ「100億円」でも前期実績が120億円だったのと50億円だったのとでは、評価はがらりと変わります。ここでは数字であふれ返った『四季報』において**どの数字とどの数字を組み合わせて読む**と面白くなるかをお伝えしたいと思います。意外な組み合わせから意外な投資のヒントが見えてくるはずです。

　ぜひ押さえておきたいのは、**売上高は実に不思議な数字**という点です。株式投資では売上高より利益が重要とされますが、『四季報』を読み込むときには、売上高と他の数字を比較してみると、その会社の別の顔が見えてきてがぜん面白くなります。

売上高vs時価総額、有利子負債、総資産

　まず**時価総額との比較**です。かつて、ある著名な会社の社長に「何

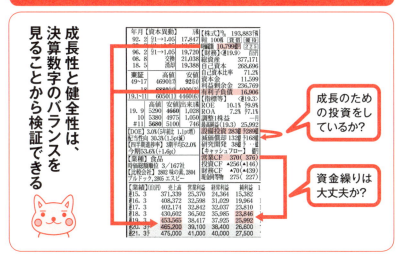

売上高の不思議、成長性はここで占う

成長性と健全性は、決算数字のバランスを見ることから検証できる

> 成長のための投資をしているか?

> 資金繰りは大丈夫か?

か目標とする数字はありますか」とたずねたとき、「時価総額が売上高を超えることだ」という答えが返ってきて意外な印象を持ったことがあります。よく考えてみればもっともな話で、時価総額は発行済み株式数に株価を掛け合わせたもの。いわばその**会社の値段**です。時価総額を増やすには株価を上げるしかないのです。

実際に『四季報』をめくって各社の売上高と時価総額を比べてみてください。日本の上場会社で時価総額トップはトヨタ自動車(7203)です。2020年春号に掲載されている時価総額は24兆4000億円、今期予想売上高は29兆5000億円。売上高には届かず、「勝ち(時価総額のほうが大きい)負け(小さい)」でいうと「負け」となります。投資家人気が高いソフトバンクグループ(9984)は時価総額10兆9000億円、予想売上高9兆5000億円で「やや勝ち」でした。

では、非日経平均採用銘柄ながら日々の売買代金ランキングで1、2位を争う任天堂(7974)はというと、時価総額5兆0284億円、売

上高1兆2500億円で圧倒的な「勝ち」。また、FAセンサーなど検出・計測制御機器大手で、高給取りでも有名な（平均年齢35.8歳、平均年収2110万円）キーエンス（6861）はさらに高評価で、売上高5400億円に対し時価総額は8兆6849億円にも達します。

こうしてみると、いかにも成長余力のありそうな銘柄に勝ち組が多い印象ですが、実はそうとも限りません。たとえば、しょうゆ最大手のキッコーマン（2801）の予想売上高は4652億円ですが、時価総額は1兆円を超えます。即席ラーメンで業界首位の日清食品ホールディングス（2897）も、ディフェンシブ（景気の変動を受けにくい）株ながら、時価総額9111億円で予想売上高4650億円の2倍以上です。

株式市場では**時価総額を年間売上高で割ったPSR（株価売上高倍率）**という指標が使われることがあり、この倍率が高いほど株価が割高とされます。ただしPSRは主に新興の成長企業の株価水準を測る場合に使われ、かつ、多くは売上高が同程度の2社を比較するときに使われます。『四季報』をパラパラめくってみるとわかりますが、新興企業は総じて売上高が100億円以下の小さい会社が多く、時価総額が売上高を下回る、いわゆる負け組はごく少数派です。**新興企業で負け組の会社は、むしろ投資対象から外したほうがいいくらいの会社**だといっていいでしょう。

これに対して**東証1部や2部銘柄で売上高が100億円超の会社はPSRが1倍以上、つまり時価総額が売上高を上回る銘柄のほうが投資妙味は高い**といえます。『四季報』には、これまで知らなかった銘柄が部品セクターやサービスセクターなど随所に転がっています。

売上高を、【財務】欄にある**有利子負債と比較**してみるのも参考になります。ある会社について、借金はいったいいくらなら多いと断じることができるでしょうか？　実は売上高と比較すれば、簡単に判断ができます。これはあくまで経験則ですが、**売上高を超える借金は返**

PSR（株価売上高倍率）ランキング

順位	コード	社名	PSR（倍）	時価総額（億円）	直近売上高（億円）	直近純益（億円）	総資産（億円）	有利子負債（億円）
1	4684	オービック	21.02	15,587	742	322	2,562	0
2	2413	エムスリー	19.21	21,714	1,131	196	1,979	0
3	6861	キーエンス	16.44	96,529	5,871	2261	17,514	0
4	4661	オリエンランド	10.68	56,136	5,256	903	10,642	1,078
5	4519	中外製薬	10.17	58,991	5,798	925	10,253	0
6	8697	日本取引所G	8.95	10,845	1,211	491	684,101	525
7	7741	HOYA	7.37	41,694	5,658	1221	7,968	215
8	6954	ファナック	6.57	41,786	6,356	1542	15,042	0
9	3938	LINE	6.24	12,925	2,072	▲37	5,304	1,427
10	4716	日本オラクル	6.21	12,560	2,024	434	2,563	0
11	6273	SMC	6.10	35,167	5,769	1306	13,505	98
12	4507	塩野義製薬	5.84	21,244	3,637	1328	7,785	7
13	6869	シスメックス	5.67	16,633	2,935	412	3,640	0
14	4568	第一三共	5.61	52,190	9,297	934	20,434	2,244
15	3659	ネクソン	5.43	13,784	2,537	1077	7,049	39
16	4543	テルモ	5.01	30,039	5,995	795	11,484	2,124
17	4528	小野薬品工業	4.81	13,880	2,886	515	6,421	0
18	7974	任天堂	4.77	57,316	12,006	1940	17,771	0
19	7309	シマノ	4.59	15,985	3,480	539	5,136	22
20	6857	アドバンテスト	4.56	12,892	2,825	570	3,236	0

（注）売上高500億円以上、時価総額1兆円以上の会社が対象。2020年新春号データでランキング

**独自のビジネスモデルを構築している
会社に対する市場の評価は高い**

せないおそれがあります。ただ、不動産セクターやゼネコンなどは例外です。こうした業種では土地や建物の仕入れに比較的大きな短期資金が必要となるためです。

また、売上高は、【財務】欄にある総資産と比べると、事業に投じた総資産がどれだけ有効に活用されたかという効率性がわかります。**目安は売上高を総資産で割った数字が「1以上」であれば上々**。専門的には「総資産回転率」と呼ばれ、実際は業種で違いがありますが、『四季報』をざっと見ていくうえでの目安としてはこれで十分です。

狙い目は地方発祥の
オーナー企業

テンバガーは上場後5年以内のオーナー企業から生まれやすい。独自性強い地方発祥企業も狙い目

ここを見てね！

【資本異動】	【株式】【財務】	【株主】		コード	
		【役員】	【材料欄】	【特色】【連結事業】【業績欄】	社名
【特集】	【CF】	【連結】			
【業績】四季報予想会社予想		【配当】	【本社】【証券】		

第2のユニクロを見つけられるか?

　株式投資の究極の理想は**テンバガー（株価が10倍になった銘柄）**を掘り当てることです。それにはいくつかツボがありますが、**オーナー企業**、そして**上場して間もない、できれば5年以内の企業が1つの狙い目**です。オーナー企業と聞くとガバナンスに問題ありと考える人もいるでしょう。そうした可能性は否定できませんが、『四季報』をめくると、オーナー企業には大型設備投資や他社との提携、あるいは提携解消や撤退などその判断の素早さに感心させられることが少なくありません。これこそが急成長の秘訣です。

　オーナー企業は『四季報』の【株主】欄で、**代表取締役社長（または会長）が筆頭株主かどうか**を調べればチェックできます。元をたどれば広島県の小さなカジュアル衣料店だったファーストリテイリング（9983）の上場は1994年7月、当時の広島証券取引所への単独上場でした。『四季報』の1995年1集を見ると、筆頭株主は現在も会長兼社長を務める柳井正氏で、発行済み株式の31.3％を握っていました（2020年2集では20.7％）。業績の伸び率は極めて高く、1994年8月

「地方発」で輝く企業

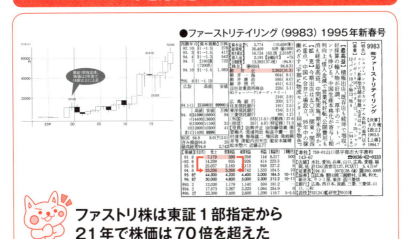

●ファーストリテイリング（9983）1995年新春号

**ファストリ株は東証1部指定から
21年で株価は70倍を超えた**

期の売上高は333億円と3年前の71億円から4.6倍増、営業利益は4億円弱から32億円へ8倍以上の伸びを見せていました。

『四季報』1995年新春号が発売された当時の株価（分割遡及修正後）は1000円前後で、その後4年は好業績にもかかわらず鳴かず飛ばずでした。が、1999年2月に東証1部指定となって少しした後、株価に火がつき、2年弱で1万6100円へ16倍以上に一気に駆け上がりました。

『四季報』では以前、上場会社の代表者が現在の役職についてから直近決算期までに時価総額と営業利益をどれだけ伸ばしたかをランキングしたことがあります。結果は、実に上位30社のうち11社が**関東以外の地方発祥企業**となりました。ファーストリテイリングが山口県、急成長したニトリホールディングス（9843）が北海道発祥であることを思い出せば、納得する人も多いのではないでしょうか。テンバガー発掘の、もう1つのツボが見えてきますね。

8 株価の適正水準はこう判断する!

投資の基本は「株価が安いとき買い、高いとき売る」。銘柄の居所がわかる実績PERを活用せよ

ここを見てね!

【資本異動】	【株式】 【財務】	【株主】				チャート	
			【役員】	【材料欄】	【業績欄】	コード 【特色】 【連結事業】	社名
【特集】	【CF】	【連結】					
【業績】 四季報予想 会社予想		【配当】	【本社】 【証券】				

PERの高値・安値平均でわかる上値・下値メド

　株価の割安度を測る指標で、最も使われているのは **PER（株価収益率）** でしょう。PERは株価と会社が稼ぐ利益を比べるもので「株価÷1株当たり利益」で計算します。たとえば株価1000円で、予想1株利益100円ならPERは10倍です。

　一般にPERは低いほど割安といわれますが、本当でしょうか。PERは人気を表す尺度でもあります。**株価が需要と供給で決まるなら、PERが高いということはそれだけ人気がある証拠**といえます。

　投資家はその株が値上がりしてほしいと願います。値上がりするのは人気が出るからで、人気のない株は値上がりを期待できません。あるファンドマネジャーは2つの銘柄のどちらを買うか迷ったらPERの高いほうを選ぶといいます。投資の基本は「株価が安いとき買い、高いとき売る」であり、「株価が安いほうを買う」のではありません。

　では、株価が安いとはどういう状態でしょうか。ヒントになるのが、『四季報』上部の株価指標に掲載されている**実績PERの高値・安値平均**です。これは過去3期について、最高株価と最低株価、実績1

PERは低いほうがいい？
高いほうがいい？
→正解は好業績なのに
　下限にあるのがいい

●ナカバヤシ（7987）

現在のPER（株価収益率）が過去3期平均の高値、安値と比べ、どの位置にいるかが重要！

株利益からPERを求めたもので、最高PERと最低PERに挟まれた範囲がいわばその銘柄の居所です。10〜15倍が居所の銘柄もあれば、20〜30倍の銘柄もあります。居所の高さこそ人気度、といってもいいでしょう。食品会社が医薬品事業に参入した場合などは評価（収益期待）が上がり、居所が上方へシフトすることがあります。

株価が安いというのは今期予想PERが最低PERに接近したり、アンダーシュートしたりしたときです。株価指標には今期予想PERと来期予想PERも掲載しているので、これらの数字と最低PERを比べるだけでも十分です。注意点は業績が予想外に悪化した銘柄のアンダーシュートは珍しくないこと。好業績にもかかわらず安値圏に放置されている銘柄が狙い目です。**売りは高値平均に接近したときがメド**になります。

第8章
お宝株発掘の実践テクニック

257

▶ お得で自分好みの 株主優待を探そう

優待利回りの高い銘柄も、
『四季報オンライン』なら探し放題！

権利確定月やカテゴリーごとに探せる

　株主優待は、株式投資の魅力の1つです。優待制度がある会社の株式を権利確定日に保有していると、お菓子や飲料、ハム・ソーセージなどその会社の製品、スーパーや百貨店の買い物優待券、映画や劇場の招待券などさまざまなものが贈られます。

　『四季報オンライン』で各社の優待の一覧をまとめて見たい場合、メニューの**データ**から入り、そこから**株主優待**の項目をクリックすると一覧が表示されます。ここでは、優待権利確定月ごとや優待カテゴリーごとに優待を探せます。

　たとえば3月に権利がもらえる銘柄の一覧を見てみましょう。ここで実質利回り、優待利回り、予想配当利回りも表示されます。ちなみに**優待利回り**は、優待内容を金額に換算したうえで、それを株価で割って計算したものです。**予想配当利回り**は通常の配当の利回りで、**実質利回り**は、優待利回りと予想配当利回りを合計したものです。

　中には優待利回りが10％を超えるような高い銘柄もありますが、使える場面が限られるといった制約がある場合もあります。利回りだけではなく、使い勝手も考慮して選ぶようにするとよいでしょう。

　優待カテゴリー別に探したい場合は、**飲食券、食品、買物券、金**

「データ」タブをクリックして株主優待をチェックする

券、ファッション、暮らし、旅行・宿泊、娯楽レジャー、自社商品、**継続保有特典**という10種類の中から選ぶことができます。

　各社の優待内容の詳細については、個別銘柄ページにある株主優待のリンクから見られます。

▶ 創刊号からすべての 四季報誌面が読める

プレミアムプランに加入すれば、
生きた企業史が通読できる

業績予想や記事内容の変遷をたどろう

　『四季報オンライン』のベーシックプランに加入すると、個別銘柄ページの**過去の四季報**のリンクから直近8号分の『四季報』誌面（個別銘柄ページ）を読むことができます。

　たとえ会社が精緻に業績見通しを立てたとしても、状況は刻々と変わるものです。『四季報』記者は取材を通じてそうした変化を読み取り、業績予想数字や記事に反映します。**過去号から予想数字や記事内容がどのように変化してきたのか経緯をチェック**することで、方向感がより明確になることがあります。

　株価へのプラスのインパクトが大きいのは、前号で厳しかった記述が明るい内容に変わったケースです。このような場合、文面には「想定以上に好調」、「一転して営業増益」、「V字回復」などの表現が出てくることがあります。また、社名の横に上向きの矢印記号と「前号比増額」「大幅増額」といった文言が表示されます。

研究用資料として活用もできる

　プレミアムプランに加入すると、『四季報』が創刊された1936年からのすべての号の誌面を読むことができます。右図は創刊号の三菱重

過去の『四季報』から“変化”を読み取ろう

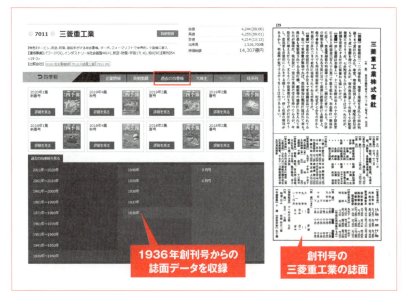

1936年創刊号からの誌面データを収録

創刊号の三菱重工業の誌面

工業（7011）の誌面です。記事中には「二・二六事件前、増資と増配を見込んで～」という記述があり、歴史的な大事件の影響を受けて配当政策を見直した旨が書かれています。さらに当時の同社の受注の半分程度は軍需関係品で占められていたこともわかります。

　研究用資料としての価値もありますし、読み物としても面白いですが、投資に生かすことも可能です。「歴史は繰り返す」という言葉があるように、将来において、過去に起きた似通った状況が再び起きる可能性があるからです。

　たとえば、原油価格が上昇したときに、**オイルショック時のエネルギー関連銘柄の業績はどう変化したのか**調べてみてもよいでしょう。また大規模な国政選挙が実施される年には、過去の**選挙時に選挙関連銘柄はどうなったか**などもわかります。さまざまな状況で過去の事例は参考にできそうです。

索引

得する株をさがせ！　会社四季報公式ガイドブック
2020 年 7 月 2 日　第 1 刷発行
2020 年 9 月 28 日　第 4 刷発行

編　　者──会社四季報編集部
発行者──駒橋憲一
発行所──東洋経済新報社
　　　　　〒 103-8345　東京都中央区日本橋本石町 1-2-1
　　　　　電話＝東洋経済コールセンター　03(6386)1040
　　　　　https://toyokeizai.net/

装　丁………橋爪朋世
ＤＴＰ………アイランドコレクション
イラスト………くもまる
印　刷………東港出版印刷
製　本………積信堂
編集担当………髙橋由里
Printed in Japan　　　ISBN 978-4-492-73356-1